ଧାନସାଉଁଟା ଝିଅ

ଧାନସାଉଁଟା ଝିଅ

ହୃଷୀକେଶ ମଲ୍ଲିକ

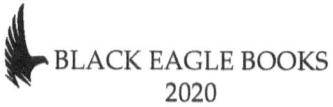

BLACK EAGLE BOOKS
2020

 BLACK EAGLE BOOKS

USA address:
7464 Wisdom Lane
Dublin, OH 43016

India address:
E/312, Trident Galaxy, Kalinga Nagar,
Bhubaneswar-751003, Odisha, India

E-mail: info@blackeaglebooks.org
Website: www.blackeaglebooks.org

First International Edition Published by
BLACK EAGLE BOOKS, 2020

DHANA SAUNTA JHIA
by **Hrushikesh Mallick**

Copyright © **Manikyaprava Mallick**

All rights reserved. No part of this publication may be reproduced, stored in a retrieval system, or transmitted, in any form or by any means, electronic, mechanical, photocopying, recording or otherwise without the prior permission of the publisher.

Cover & Interior Design: Ezy's Publication

ISBN- 978-1-64560-113-5 (Paperback)

Printed in United States of America

ତିତିଲ୍‌ର
ନିଷ୍ପାପ ନଖରାମିକୁ...

-ଅଜା

କହୁଚି ଏତିକି :

ଶଙ୍ଖ, ମୋ' ଅଲିଅଳି ! କୋଉଠି ତୋତେ ହାବୁଡ଼ି ଥିଲି କହ ତ, ପହିଲି ବାର ? କୋଉଠୁ ତୋତେ ଗୋଟେଇ ଆଣିଥିଲି ? ସଂଜସଂଜିଆ ଗୋହିରିରୁ ? ଗାଧୁଆ ତୁଠରୁ ? ନା' କଟାସରିଥିବା ଧାନ ବିଲରୁ ?

ମନେ ନାହିଁ।

ତେବେ ଏତିକି ମନେଅଛି : କୋଉ ଅନାଦି ଅମଳରୁ କେତେ ପୁରୁଣା ଲୁହ, ଝାଳଦାଗ ଲାଗିଥିଲା ତୋ' ଦିହରେ ! ବାରଂବାର ବାସି କାକରରେ ଲିଭୁଥିଲା, ଜହକୁ ଥିଲା।

ଲାଗୁଚି; ଯେମିତି ଏଇ ଥରେ ନୁହେଁ, କି' କି' ନାଁରେ କେଜାଣି, ଡାକି ଡାକି ସହସ୍ରେ କୋଟିବାର ମୁଁ ତୋ'ରି ଆଡ଼େ ଆସିଚି। ଧୂଳି ଝାଡ଼ି ଦେଇଚି, ଦିହରୁ। ପିଂଧେଇ ଦେଇଚି ନୂଆ ନୂଆ ଦୁଃଖ ଓ ଦୀର୍ଘଶ୍ୱାସ। ତୋ' ନିଜ ହାତରେ ପିଂଧେଇବି ବୋଲି, କୋଉ କାଳରୁ ଗଢ଼ିଚି ଭାଂଗିଚି, ଭାଂଗିଚି ଗଢ଼ିଚି, ହରେକ୍ ହରେକ୍ ଶଂଖା।

କେହି ନଥିବା ବେଳେ, ଖରାବେଳେ କି ନିଶାର୍ଦ୍ଧରେ ମାଆ ମାଆ ବୋଲି ଡାକିଲେ, ତୁ' ଜବାବ୍ ଦେଇଚୁ; ଆକାଶ ଆଡୁ, ସମୁଦ୍ର ଆଡୁ, କେବେ କେବେ ଦିଗ୍‌ବଳୟ ଆଡୁ। ଅନେକ ଥର ଉଁକାରି ଆଣିଚି, କହିଦେବି: ମୁଁ ତୋ'ର କେହି ନୁହେଁ, ଖାଲି ବେଶକାରୀ, ମୁଦୁସୁଲୀ; କହି ନାଇଁ।

•

ଅଝଟି ମୋ'ର ! ନିରବଧି କାଳ, ସମ୍ମୁଖରେ। ତାକୁ ଇ ପ୍ରଣାମ କର୍। ତୋ'

ଖାଲି ପା'ରେ ସେ ପିଂଧେଇ ଦେଇପାରେ ଅଳତା; ବି ଖୋଲି ନେଇପାରେ ପା'ରୁ ପାଉଁଜି। ତା'କୁ ଇ ପ୍ରଣାମ କର୍।

ମୁଁ ଠିଆ ହେଇଥିବି, ହାତ ଜାକି କାଳ କାଳ ଏଇମିତି, ପଦା ମୁଂଡ଼ରେ, ତୋତେଇ ଚାହିଁ। କଥା ଦଉଚି: ତୋ' ଖିଆଲ୍‌ରୁ ମୋ' ସବାଶେଷ ଅସ୍ତିତ୍ୱ ନିଶ୍ଚିହ୍ନ ନହବା ଯାଏ, ମୁଁ ବାରଂବାର ଆସୁଥିବି; ନା ବଦଳେଇ, ହୁଏ କାଳିଦାସ, ହୁଏ ସାରଳା !

ଯେତେ ବାର ଆସିଲେ ବି,

ଗୋଟିଏ ବାର ମୋ'ର ବାକି ରହୁଥିବ ତଥାପି। କାଲେ, କେତେବେଳେ ତୁ' କୁହୁଡ଼ି ଆଡ଼େଇ, ମେଘ ଆଡ଼େଇ ଖୋଜିବୁ ମୋତେ, ଧୁଂଦାଳି ହବୁ !!

୨୦। ୧୨। ୧୯୮୭ **ହୃଷୀକେଶ ମଲ୍ଲିକ**

ବଉଳ ଅମିସା

ସୂଚୀପତ୍ର

ଝିଅ ଛେଳିଗୋଠ : ୧୧
ଛଦ୍ମବେଶ : ୧୩
ବୋଉ ପାଇଁ : ୧୫
ଫୁଲତୋଳା : ୧୭
ସାରାରାତି : ୨୧
ବୁଡ଼ିଯାଉଥିବା ଜହ୍ନର ଦୃଶ୍ୟ : ୨୩
ବଢ଼ିପାଣିରେ ତୁ' ପା' ଥାପିଲୁ : ୨୬
ଜଳଂଧର ଉବାଚ : ୨୯
ପ୍ରେମିକା : ୩୦
ଥା' ଥା' ସେଇ ଦୂରରେ ଥା' : ୩୩
କି ଦୃଶ୍ୟ ଏ ସଜନୀ ! : ୩୫
କେମିତି କାଟୁଚି ଦିନ : ୩୭
ବାଇସା' : ୩୯
ଆଜି କ'ଣ ବାଜିବ ମୁରଲୀ ? : ୪୨
ଯିବି କି ନ ଯିବି : ୪୪
ମୁହଁଟିଏ : ୪୬
ମୋହିନୀ ରୂପରେ ଶୋଇଥିଲେ ଈଶ୍ୱର : ୪୮
ବିମଳା ଖାଲ୍‌ସା : ୫୦
ନଈତୁଠ : ୫୨
କାନନରେ କୃଷ୍ଣ ବିଳମ୍ବିତ : ୫୪
ମୋ' ଶେଯ କଡ଼ରେ ବସି : ୫୬
ଉର୍ମିଳା : ୫୮

ପାହି ଆସୁଥାଏ ରାତି	: ୬୧
ନଈ କୂଳରେ ଏକା ଏକା	: ୬୩
ଉସ୍ମାନତାରା	: ୬୫
ଆଜି ମତେ ଡରଡର ଲାଗେ	: ୬୮
ହାଟକୁ ଆସିବା ଲୋକ	: ୭୦
ଖଲାକାମ ଚାଲିଚି	: ୭୨
ଶରତ ଆସିଛି	: ୭୩
ଶୀତରତୁ	: ୭୪
ଭୁବନେଶ୍ୱର	: ୭୫
ଗୋଟିଏ ଗାଁର ଦୃଶ୍ୟ	: ୭୭
ଖୁଲଣା ସୁନ୍ଦରୀ	: ୭୯
ନୂଆ'ଉ	: ୮୧
ଧାନସାଉଁଟା ଝିଅ	: ୮୫

ଝିଅ: ଛେଳିଗୋଠ

ଗୋଡ଼ କଟାଡ଼ନା'ରେ ଝିଅ, ଅଳତା ନାଇବା ମନା ତୋତେ
ଲୁହ ଝରାନା'ରେ ଝିଅ, କଜଳ ଘେନିବା ମନା ତୋତେ

ଉଠୁ ବା ନ ଉଠୁ ସୂର୍ଯ୍ୟ, ଫର୍ଚ୍ଚାଫର୍ଚ୍ଚା ଦୁଶିଯାଏ
ରାବୁ ବା ନ ରାବୁ ପକ୍ଷୀ, ଗୀତଗୀତ ଶୁଭିଯାଏ
ଘର ଅଗଣାରୁ ପହଁରା ଚରକା ଶୁଭେ
ଦୁଆରରେ ଛୁଞ୍ଚ କନା ବୁଲିଯାଏ
ରାତି ତୋର ପାହିଗଲେ ଅଛପା ରହେନା ଝିଅ !

ବଣବୁଦା ଗହଳିରେ ଛେଳିଗୋଠ ଛାଡ଼ିଦେଇ
ଗୋଟିକିଆ ଶାଳଗଛ ମୂଳେ କି ଭାବିସ୍ତି କରୁ ଝିଅ,
(କୁଲେଇରେ ଖେଳିବାକୁ ବୟସ କାଇଁଯେ ଆଉ !)
ପତ୍ରକୁ ଚାହିଁଲେ ତୁ' ତ ପତ୍ର ବୋ଼ଲେ, ଥାଉଥାଉ ଗଲିଣି କଅଁଳି
କଥାଏ ବୋଲିବି ଝିଅ, କଥାଏ ବୋଲିବି
ଗୋଟିକିଆ ଶାଳମୂଳେ କି ଭାବିସ୍ତି କରୁ
ଭାବିସ୍ତି ମନାପା' ତୋତେ !

ଫେରକାନି ଅଣ୍ଟ ଖୋସି, ଭାତ ଓହଳେଇ
କଳମ ଡାଙ୍ଗ ଖଣ୍ଡିଏ ଉଞ୍ଚେଇଉଞ୍ଚେଇ
ତୁହି ଚାଲିଥାଉ
ଗୁମାନ ଚାଲିବା ଝିଅ ଶିଖିଲୁ କୋଉଠୁ: ଖରାବେଳ ଶିଖେଇ ଦେଲା କି ?
ମୁରୁକି ହସିବା ଝିଅ ଶିଖିଲୁ କୋଉଠୁ: ଧାନକ୍ଷେତ ଶିଖେଇ ଦେଲା କି ?
ମୁହଁ ଥମଥମ ଝିଅ ଶିଖିଲୁ କୋଉଠୁ: ନୂଆ ମେଘ ଶିଖେଇ ଦେଲା କି ?
ଛେଳିଗୋଠ ପଛେପଛେ ଯାଉଥିଲାବେଳେ
କୁଆଡ଼େ ଅନାଉ ଝିଅ, ଚାହିଁବା ମନାପା' ତୋତେ ।

ମୂଷାମାଟି ଚାଉଳାରେ ଭାତ ଗଣ୍ଡେ ଥାପିଥୁପି
ନୂଆ'ଉ ସଜାଡ଼ିଥାଏ ଅତି ଶରଧାରେ (?)
ଗୋ-ଦାଣ୍ଡି ବେଳରେ ଝିଅ ମନେପଡ଼େ
ପେଟକଥା, ମୂଷାମାଟି କଥା
ଗୋ-ଦାଣ୍ଡି ବେଳରେ ଝିଅ, ମନେପଡ଼େ ନିରିମାଖି ବୋଉ ମୁହଁ
ଗୋ-ଦାଣ୍ଡି ବେଳରେ ଝିଅ, ଅର୍କ୍ଷିତ ଛୁଆଟେ ପରି ଦୁଶଇ ବନସ୍ତ
ରସରସ କରି ମୁହଁ ଫେରାନା ଫେରାନା ଝିଅ, ରଷିବା ମନାପା' ତୋତେ !

ରଡା-ସଞ୍ଜ ଚହଟିଲେ କେନାଲ ପାଣିରେ
ବଇଞ୍ଚି, ବବୁରି ଗଛ କଡ଼େକଡ଼େ ପଡ଼ିଥିବା
ପାଦଚଲା ରାସ୍ତାଟିରେ ଫେରିଆସୁ ଝିଅ
ଯାତରାରେ ହଜିଥିବା ନିରସ୍ତ ପିଲାର ମୁହଁ
କିଛିକିଛି ଥଙ୍ଗଥଙ୍ଗ: ତୋ' ମୁହଁ ପରି
ବୁଡ଼ି ଯାଉଥିବା ଜହ୍ନ କିଛିକିଛି ଥତମତ: ତୋ' ମୁହଁ ପରି
ସୁନାର ଚାନ୍ଦକୁ ଝିଅ ଝୁରିହେଉ, ବୟସ କାହିଁ ଯେ ଆଉ !
ପାଣିକୁ ଫିଙ୍ଗିଲେ ଟେକା, ଜଣାପଡ଼େ ଅନ୍ୟମନସ୍କତା
ମଉନେ ପୋତିଲେ ମଥା, ଜଣାପଡ଼େ ଅନ୍ୟମନସ୍କତା
କଉଡ଼ି ଗଣାରେ ଝିଅ ବିତାନା ବିତାନା ଦିନ, କଉଡ଼ି ମନାପା' ତୋତେ !

ହଜିଯାଉ ବନସ୍ତରେ ଛେଳି, କ୍ଷତି କ'ଣ ?
ଘୋଟିଆସୁ କଳାମେଘ ଆକାଶରେ, କ୍ଷତି କ'ଣ ?
ଫେରୁ ବା ନ ଫେରୁ ଭାଇ ବଣିଜରୁ, କ୍ଷତି କ'ଣ ?
ବାହି ଦେ' ବାହି ଦେ' ପାଦ ଉଆସରୁ ଅଝାଡ଼ ଅରଣ୍ୟ
ନିଦକୁ କରି ଦେ ମନା, ଫେରିଯାଉ, ନୂଆ'ଉ ରାଗିବ
ଲୁହକୁ କରିଦେ ମନା, ଫେରିଯାଉ ନୂଆ'ଉ ରାଗିବ
ହୁଜୁଡି କରନା ଝିଅ, ହୁଜୁଡି ମନାପା' ତୋତେ !

ଗୋଡ଼ କଚାଡ଼ନା'ରେ ଝିଅ, ଅଳତା ଘେନିବା ମନା ତୋତେ
ଲୁହ ଝରାନା'ରେ ଝିଅ, କଜଳ ଘେନିବା ମନା ତୋତେ !!

■

ଛଦ୍ମବେଶ

ଦିନ ଗଡ଼ି ଯାଉଅଛି, ଯେତିକି ଯେତିକି
ହଲକ ଯାଉଛି ଶୁଖି, ସେତିକି ସେତିକି ।

କୁଞ୍ଚ ପାରି ପିନ୍ଧିଥିବା ଶାଢ଼ି ପରି
ଏଇ ଦିହ, ମତେ ପାଲଟି ଦବାକୁ ହେବ !
ଠାଏ ଠାଏ ଦେଖ, ଦୁଶିଲାଣି
ଏ ଶାଢ଼ିରେ କାନିଫଟା ଦାଗ !!

କେମିତି ମୁଁ ଓହ୍ଲେଇବି ଏଇ ଦିହ ?
ଭାବିଭାବି ଅର୍କ୍ଷିତ ପିଲାଙ୍କ ପରି
ଦୁଶିଲାଣି ମୁହଁ
ମୁଁ ବୋଲି କେମିତି ବିଶ୍ୱାସ ଯିବ
ତମେ ମତେ ?
ଲହଡ଼ି ଭାଙ୍ଗିବା ପରି କାଳେ ତମେ ହସିଦବ
ଯେତେବେଳେ ଜାଣିବ ଯେ, ମୁଁ ଅଟଇ
କାନ, ଆଖି, ଓଠ ପିନ୍ଧିଥିବା; ହାତ ଗୋଡ଼
ପିନ୍ଧିଥିବା ପୁଳାଏ ଶୂନତା,
ଚାଉଁଚାଉଁ ଦିହରୁ ମୋ' ନହୁ ଶୁଖି ଯାଉଅଛି
ଏଇ ଡରେ ଖାସ୍, କାଳେ କଉଁଦିନ
ପ୍ରତାରକ ବୋଲି ତମ ଆଗେ ଧରାପଡ଼ିଯିବି !!

କିମିତି ବହକ ଗଲା
ମିଛ ହାତ, ଗୋଡ଼ ଖଞ୍ଜି ହେଲି ?
ବାଛିବୁଛି କଣ୍ଟିଏ ବେକରେ ଖଞ୍ଜିଲି

କଟୀଟିଏ ପିନ୍ଧିଲି ମୁଁ ଅତି କ୍ଷୀଣ କରି
ତିଳଫୁଲ ପରି ନାକ କଲି ମୁଁ ତିଆରି
କିମିତି ବହକ ଗଲା; ମିଛ ଆଖି, ଓଠ
ମୁଁ ପିନ୍ଧିଲି ?
ମିଛେ ମିଛେ କିମିତି ମୁଁ ରଜବତୀ ହେଲି ?

ଦେଖ, କଥା ଖୋଲିଯିବା ଆଶଙ୍କାରେ
କିପରି ମୋ' ଚଉଦିଗ ଭର୍ତ୍ତି !
କିପରି ହୋଇଛି ଭର୍ତ୍ତି ଘର ମୋର, ଭବିଷ୍ୟତ ମୋର
ଦେଖ, ଅତି ଦିହଘଷା ଲୋକେ
ଆଖି ଭିଣିଭିଣି କରି ଚାହିଁଲେଣି ମତେ !

କହିଲ ତ ନିଜେ ଦେଖି;
ସନ୍ତର ପନ୍ତର ହେଇ ଏଇମିତି ମରୁଥିବି କେତେ ?
କେତେ ଦିନ ଆଉ, ତମ ପାଖେ
ନିଜକୁ ମୁଁ ନୁଚାଇବି ?
ପ୍ରତ୍ୟେକଟି ଆଚରଣ ମୋର
ତମେ ଲକ୍ଷ୍ୟ କରୁଥିବା ବେଳେ
କେତେ ଦିନ ଆଡ଼ଆଡ଼ ହୋଇ ରହିଥିବି ?

କେତେ ଡେରି ତମ ଆଗେ
ଦୁଇ ହାତ ଟେକି ଛିଡ଼ାହବା ?
କେତେ ଡେରି ଆଉ ମୋର
ସବାଶେଷ ଅପାସ୍ଥକ ହବା ??

■

ବୋଉ ପାଇଁ

ଗୁଡ଼ିଆଣୀ ଠୁଁ ମୁଢ଼ି ଡବେ
ପିଆଜି ଆଠଣାର କିଣି
ଆଖି ଠାରି ସେ ଦେଢ଼ିକି ଡାକେ
କହେ: ନେ', ଖାଇଦେ', ଡାଆଣା ଛୁଆ
ଗଳିଯିବେ ।

ଆଉ କା'ର ସୁଖ, ଦୁଃଖରେ ତା'ର କି ଯାଏ ?
ମୋ' ଗୁହ, ମୂତ; ତାର ଗଂଗା ପାଣି
ମୋ' ଘା' ଘାଉଡ଼ ନିକେଇବା; ତା'ର କୋଥଳି ସେବା
ଧୂଳି ସରସର ହେଇ ପାଖକୁ ଗଲେ
ସେ ବେକ ମୁଣ୍ଡ ଅଣ୍ଡାଳି ପକାଏ
ପରସ୍ତେ ଶୁଙ୍ଘିଯାଏ, ଯେମିତି କେଉଁ ଆମ୍ବଗଛରେ
ପେନ୍ଥାଏ ନୂଆ ବଉଳ ମୁଁ!

ଗଢ଼ି ପାରିବ, ଗଢ଼ି ପାରିବ ମୋ' ବୋଉ ପରି
ବୋଉଟିଏ !
ଦେ' ଦେ' ବୋଲି କହିବନି, ଖାସ୍ ଦଉଥିବ
ଯା' ଯା' ବୋଲି କହିବନି, ଖାସ୍ ଡାକୁଥିବ
ଫଟା ଭୂଇଁ, ଶୁଖିଲା ଡାଳ, ମଲା ନଈ
ୟୁଆଡ଼କୁ ଚାହିଁଲେ: 'ସେ' ହସୁଥିବ ।
ପାରିବ, ଗଢ଼ିପାରିବ ମୋ' ବୋଉ ପରି
ବୋଉଟିଏ !!

ତମେ କୁଆଡୁ ବୁଝଂତ; ସକାଳୁ ସଞ୍ଜ
ଧଇଁ ପେଲି, ମୁହଁ ଶୁଖେଇ କାହିଁକି ମୁଁ
ଦାଣ୍ଡ ଘାଟରେ ବୁଲେ !

ତମେ କୁଆଡୁ ବୁଝଂତ ଯେ;
ନୁଣ ଶାମୁକେ ଉଧାର ପାଇଁ ଲୋଡ଼ାହୁଏ ପଡ଼ୋଶୀଟିଏ
ଚିଠିଟିଏ ଲେଖିବା ପାଇଁ ଲୋଡ଼ା ହୁଏ
ଦୂର ଗାଁର ଟାଉକୀ ଝିଅଟିଏ !!

ତମେ ଆଖି ଯୋଡ଼ିଏ ଗଢ଼ି ପାରିବ !
ଯିଏ ଏଇ ବା'ସ୍ତୁରା ଆକାଶକୁ ଚାହିଁଦେଲେ
ମାଳମାଳ ମେଘ ଚଅଁରି ଯିବ
ଘଇତା ମାରି ପାଟରେ ବି
ହେଁସୁଆତି, ଦେ' ବାଲୁଙ୍ଗା କଞ୍ଚେଇବ ।

ଜନମ ଜନମର ଧୂଳି ଜମିଚି
ଦିହରେ ମୋ'ର । ମୋଟ ବୋହିବୋହି
ବେକ, ମୁଣ୍ଡ ବଧିଆ । ଛାତି ଭିତରେ
ଅନାଦି କାଳର ଘୁଡୁଘୁଡ଼ି, ହାଡ଼େହାଡ଼େ ମୋ'ର
ଗୁମୁସିଆ ଜର ପୂରିଚି ।

ତମେ ଗଢ଼ି ପାରିବ; କଅଁଳ
ମାଈ ଗେଣ୍ଡୁ ପରି ହାତଟିଏ !
ଧାଡ଼ିଧାଡ଼ିକା ପାହାଡ଼, ନହନହକା ନଈ
ଚବଚବକା କ୍ଷେତ ଡେଇଁ
ଲମ୍ବି ଆସିବ, ତଳିପା'ରୁ କପାଳ ଯାଏଁ
ଆଉଁସି ଦବ ।

ତମେ କୁଆଡୁ ବୁଝଂତଯେ, କାହିଁକି ମୁଁ
ରାତିରାତି, ଗାଁ ମୁଣ୍ଡର ଖାଂକାରିଆ ପୋଲ ଉପରେ
ଗୁମ୍ ମାରି ବସେ ! କାହିଁକି ମୁଁ ରୁଢ଼ ବଢ଼େଇ
ନୁଖୁରା ମୁଂଡ଼ରେ ବୁଲୁଥାଏ !!

■

ଫୁଲତୋଳା

ଅତି ସାଧାରଣ ଦୃଶ୍ୟଟିଏ ଯେ,
ଦୁବର ପାପୁଲି ନ ଛୁଉଁଣୁ ସୂର୍ଯ୍ୟ
ଫୁଲ ଚାଙ୍ଗୁଡ଼ିଟେ ଧରି ବାହାରି ପଡ଼େ ବାଳୁତ ପୁଅ
ଚଉଦିଗ ପରିମଳ
ଝୋଟି ପାରୁଥିବା ଭୁଆସୁଣୀ ପରି ବିଭୋର ସକାଳ
ନଅବର୍ଷର ବାଳୁତ ପୁଅ ଫୁଲ ତୋଳିବ ଫୁଲ।

ଥାଉ, ଫୁଲତୋଳା ପଛକୁ ଥାଉରେ ପୁଅ !
ଫୁଲ ଡାଳ ପାଖରେ କାନ ଥେଂତେଇ ଶୁଣ୍
ନିଃଶବ୍ଦରେ ବହୁଅଛି ନଈଟିଏ (ଗହଗହ ଧନୁଯାତ ପରି ?)
ନଈରେ କୁମ୍ଭୀରଟିଏ
କୁମ୍ଭୀର ପିଠିରେ ଫୁଟିଅଛି ଲକ୍ଷେ ଭାର ଫୁଲ
ନଅ ବର୍ଷର ବାଳୁତ ପୁଅ ଫୁଲ ତୋଳିବ ଫୁଲ।

ଫୁଲ ବଗିଚା ବାସେ ମହୁ ପରି, ଫୁଲ ବଗିଚା ବାସେ
ଅତର ଜରି ପରି। 'ବଂଦଇ ହରି ଦେବ ମୁରାରୀ' ପରି
ଗୀତର ପବନଟିଏ ବଗିଚାକୁ ମନେଇ ଥାଏ
ଚାହାଳିର ଶ୍ରୀପଞ୍ଚମୀ କରି ॥

ରେ ଫୁଲତୋଳା ପୁଅ !
ତୁ' ଖାଲି ଫୁଲ ମୁଣ୍ଡରେ ନାଇ ମୟୂର ପରି ନାଚି ଜାଣୁ
ତୋ' ମୁଣ୍ଡର ଫୁଲ ମୁକୁଟରେ

ମେଘ ହୁଏ ବର୍ଷାବତୀ
ଗାଈ ହୁଏ କ୍ଷୀରବତୀ
ଓ ସଧବା ନାରୀମାନେ ବିଶାଶହେ ବର୍ଷ ଯାଏଁ
ଶଙ୍ଖା ପିନ୍ଧୁଥା'ନ୍ତି ।

ସବୁ ବାପାଙ୍କର ରକ୍ତରେ ତ ଭିଜିଥାଏ ବଗିଚାର ମାଟି
ରକ୍ତ ଫିକା ପଡ଼ିପଡ଼ି ସମ୍ଭବତଃ ହୋଇଥାଏ ତୋଫାତୋଫା
କାକର-କଙ୍କଣ, ଯିଏ ବେଢ଼ି ପରି ଛନ୍ଦିଦିଏ ତୋ'ର
କୁନିକୁନି ପାଦ (ମାଟିର ବେଢ଼ି ତ ସଦାକାଳେ ଫୁଲ ବେଢ଼ି ପରି) ।

ରାତିକ ଯାକର ନିଦ ତୋର ଫୁଲ ଚୋରେଇ ନିଏରେ ପୁଅ !
ସେ ତୋତେ କ'ଣ ଦିଏ ?
ସ୍ନେହ ଭଳକି ଉଠୁଥିବା ବୋଉ ଆଖି ପରି
ଖାଲି ଯାହା ତୋତେ ଚାହିଁରହେ ।

ହାତ ବଢ଼େଇ ଦେଲେ ତ ଲୁହ ଝରିଯାଏରେ ପୁଅ
ଫୁଲ ତୋତେ କ'ଣ ଦିଏ ?
ମେଲାଣି ଘେନୁଥିବା ଗାଁ ସୀମାର ମଉନ ଗଛଟି ପରି
ଖାଲି ଯାହା ତୋତେ ଚାହିଁ ରହେ ।

ବିଂନ୍ଦୁଏ ଲୁହରୁ ଗଜା ମୁରୁକେଇ ଫୁଟିଥାଏ
ଫୁଲ । କେନ୍ଦରା ବାଜିବା ପରି ବହୁଥାଏ ଛେଉଣ୍ଡ ପବନ ।
ବିନ୍ଦୁଏ ଲହୁରୁ କଢ଼ ମୁରୁକେଇ ଫୁଟିଥାଏ
ଫୁଲ । ବିଦାହବା ଝିଅ ପରି କାନ୍ଦକାନ୍ଦ ଲାଗଇ ପବନ ।

ଥାଉ, ଫୁଲତୋଳା ପଛକୁ ଥାଉରେ ପୁଅ !
ଆଉଁଶି ଦେ' ଫୁଲର କାନମୂଳି ।
ତଳେ ଗଡୁଥିବା ମଉଳା ଫୁଲରୁ

ଝାଡ଼ି ଦେ' ଧୂଳି । ସରଗର ସବା ଉଛଡାଳେ
ଝୁଂଟିଆ ପାଉଁଜ ନାଇ ଫୁଲ କଢ଼ି ନାଚୁଥାଉ
ବଳଦଂକ ଖୁରା ଓ ତୋ' ବାପାଙ୍କର ହାତ ବାଜି
ଯେତେ ଧାନ ଚଅଁରିଛି, ସବୁ କାଂଦିମାନଙ୍କରେ
କ୍ଷୀର ଭର୍ତ୍ତି ହଉ ।

ଫୁଲତୋଳା ସହଜ ନୁହେଁରେ ବାବୁ: ଫୁଲତୋଳା !
ଫୁଲତୋଳି ଯାଇଥିଲୁ : ସୁବର୍ଣ୍ଣ ମୁକୁଟ କା'ର ଚୋରାଇ ଆଣିଲୁ !
ଫୁଲତୋଳି ଯାଇଥିଲୁ : କେଉଁ ଅରଣ୍ୟକୁ ଧନ ବାଟ ହୁଡ଼ିଗଲୁ !
ଫୁଲ ତ' ଟିହେଇ ନିଏ ବିଛଣାରୁ ଛୋଟ-ଝିଅ-ସାଂଗ ପରି
ଫୁଲ-ମାୟା ତୁ' କାହୁଁ ବୁଝିବୁ !!

ନା, ଦେଖିନାହୁଁ: ଫୁଲମାନେ କିପରି ଦୋହଲୁଥାନ୍ତି
ସାପଫଣା ପରି (ପତ୍ର ପରି ସାପଂକର ରଙ୍ଗ !)
କମର ନଡ଼କେଇ ଫୁଲ ଟୁଂକୁଥିବା ପୁଅରେ !
ନା, ବୁଝିନାହୁଁ : ଫୁଲଖେଳ କେଉଁପରି ସାପଖେଳ ପରି
(ପେଡ଼ି ପରି ଫୁଲ ବଣ ମାଟିଂକର ରଂଗ)

ଥାଉ, ଫୁଲତୋଳା ପଛକୁ ଥାଉରେ ପୁଅ !
କଞ୍ଚନ ଡାଳକୁ ହାତ ପାତିଦେ'
ପଣତ ଖିଅଟେ ହେଇ ଲୁହ ପୋଛିନବ
ଚମ୍ପା ଗଛ ମୂଳେ ଗୋଡ଼ ପୋତି ଠିଆ ହ'
ଅସନା ଘା'ରେ ତୋର ବାସ୍ନା ଭରି ଯିବ।
ପା' ଛଂଦିଦେ କଦଂବ ମୂଳରେ (ହାତରେ ମୁରଲୀ ଧରି ?)
ଧୂସର ଦେହରେ ତୋର ବର୍ଷା ଝରିଯିବ
ଲୋଟିପଡ଼ ଶିଆଳି ଲଟାରେ
ଷଠୀଘର ଠାରୁ ଦଧିଖେଳ ଯୋଡ଼ି ହେଇଯିବ ।

ରେ ଫୁଲତୋଳା ପୁଅ !
ତୋତେ କୋଉ ଜଣାଯେ,
ଫୁଲ ବୋଲି ସାପ ମୁଣ୍ଡେ ଗୋଡ଼ ଥୋଇ
ନାଚୁଥିବା ଗୃହସ୍ଥଙ୍କ ଦୁଃଖ
ଫୁଲ ଗଛ ତଳେତଳେ
ବୋହୁଥାଏ ନଈଟିଏ (ପ୍ରିୟ ପରିଜନଙ୍କର ମିଳିତ କାନ୍ଦଣା ପରି ?)
ନଈରେ କୁମ୍ଭୀରଟିଏ, ତୋତେ କୋଉ ଜଣାଯେ !!

■

ସାରାରାତି

ତାଳ-ବରଡ଼ା ଚିରି ମୁଁ ରଙ୍ଗରେ କଷଉଥିଲି
ପିଣ୍ଡା ଓଳି ତଳେ, ସଙ୍ଗାତରେ !
ଭାରିଭାରି କାହିଁକି ଲାଗିଲା ମୋର ଫୁଲ ପରି ଦିହ ?
ଅଞ୍ଜନ ଲଗେଇ ନାଇଁ ଆଖିରେ ତ
କାହିଁକି ଲାଗୁଚି ଦଶଦିଗ ଅନୁରାଗମୟ ?

ଧୂ' ଧୂ' ଧୂଳି ଧାନକ୍ଷେତ
ଦେଖୁଚ ତ ଚଉପାଶେ ମୋର
ଏଡ଼େ କେରଫୁଲା କିଏ ସେ ଏ ସଙ୍ଗାତରେ !
ଆମ୍ବ ବଉଳ ବାସ୍ନାରେ ହୁଏ ବିମୋହିତ ?

କାହିଁକି ଏପରି ହେଲା, ଜାଣେ ନାହିଁ ।
ସଞ୍ଜବେଳେ ମନାହେଲା ଆମ୍ବତୋଟା
ମନା ହେଲା କିଆ ବଣ ମୋତେ
କାହିଁକି ଏପରି ହେଲା, ଜାଣେ ନାହିଁ
ସଞ୍ଜବେଳେ ମନାହେଲା ସାଇବୁଲା
ମନାହେଲା ନଈକୂଳ ମୋତେ ।

ମୁଁ ଯା' ଆସ କରୁଥିବା ବାଟମାନେ
କ୍ରମଶଃ ବାସିଲେ
ଏବଂ ବାସିବା ଆରମ୍ଭ କଲେ
ବହୁଥିବା ବାୟୁ ଓ ଆକାଶ
ମହୁରେ ହୋଇଲେ ଭର୍ତ୍ତି ଫୁଲଗଛମାନେ
ସବୁଜ ଦୁଶିଲେ କ୍ରମେ ମଲା ଘାସମାନେ ।
ଧୀରେଧୀରେ ସଞ୍ଜବତୀ ଧରି
ଚଉଁରା ମୂଳକୁ ଆସୁଥିଲି
କିଏ ସଳସଳ କଲା ପାହୁଲକୁ ମୋର ?

ଚିହିଁକି ଚାହିଁଲି ତଳକୁ ମୁଁ ସଙ୍ଗାତରେ !
ତରଳି ଯାଉଛି ବୋହି ପାଦରୁ ଅଳତା
ତିନ୍ତି ଯାଉଛି ମୋ' ଶାଢ଼ି ଫେରକାନି ।

କାହା ପ୍ରତିବିମ୍ବ ଇଏ ! ଆବୋରିଚି ସାରା ନଈ
ଖଞ୍ଜିଚି ମୟୂର ଚୂଳ, କପାଳରେ ଚିତା ?
ହାତରେ ନିଭିଲା ମୋର ଜଳିଜଳି ସଞ୍ଜବତୀ
ଝାଳରେ ବୁଡ଼ିଲା ଦିହ ଗୋଟିପଣେ, ସଙ୍ଗାତରେ !
ପରତେ ନ ଯିବା କଥା କାହାକୁ କହନ୍ତି ?

ତରକିତରକି ହୋଇ ଡେଉଁଥିବା
କଅଁଳା-ବାଛୁରୀଟିଏ ଯେପରି ମୁଁ
ଯୋଡ଼ିଏ କଞ୍ଚୁଡ଼ ହାତ କାହାର ଏ
ବାଟ ଓଗାଳୁଚି !
ଏଣୁ ଫେରି ତେଣେ ଗଲେ କଅଁଳ-ଚନ୍ଦନ ପରି
କାହାର ଶୀତଳ ଡାକ
ମୋତେ ଆବୋରୁଚି ?

ଜହ୍ନ ତରାସିଲେ ଆକାଶରେ, ସଙ୍ଗାତରେ !
ବୋଉ ଆଖି ନିଦ ଟଳମଳ
ବୁଜି ହୋଇଯାଏ ତାରାଙ୍କର ଆଖିପତା
ବାଲିସରା ପୋଖରୀରେ ଫୁଟିଯାଏ କଇଁ ମାଳମାଳ
ଲାଜରେ ପଡ଼ଇ ନଇଁ ମଥା ମୋର, ସଙ୍ଗାତରେ !
କେମିତି ସହିବି କହ, ସାରାରାତି ତାଙ୍କରି କଟାଳ ?

ଫିଟିଥିବା ଗଭା ମୋର ବାନ୍ଧିଦେବେ,
        ଥିବ ନାହିଁ, ହାତ ତାହାଙ୍କର
ମନ୍ଦମନ୍ଦ ହସୁଥିବେ,
        ଓଠ, ମୁହଁ ନଥିବ ତାଙ୍କର
ତ୍ରିଭଙ୍ଗୀ -ଠାଣିରେ ଉଭା ହୋଇଥିବେ
        ଥିବ ନାହିଁ, ପାଦ
ସାରାରାତି ବିତିଯିବ, ସଙ୍ଗାତରେ !
        ସକାଳକୁ ହେବି କାନ୍ଦକାନ୍ଦ ।

■

ବୁଡ଼ିଯାଉଥିବା 'ଜହ୍ନ'ର ଦୃଶ୍ୟ

ଅସାଡ଼ ନିଦରେ ଶୋଇପଡ଼ିଥିବା ଗଣେଶ ଜାଣେନା' ଯେ
କେଉଁ ଖଞ୍ଜରେ ପାହିଯାଏ ତା'ର ରାତି
ଶୋଇପଡ଼ିଥିବା ଛୁଆଟିର ନିଦ ଭାଙ୍ଗିଲାବେଳକୁ
ଯେମିତି ସରି ଯାଇଥାଏ ନାଚ
ଟନ୍‌ଟନ୍ କୁହୁଡ଼ିରେ ରୁଂଧିଯାଇଥାଏ ଚଉଦିଗର ପୃଥ୍ୱୀ
:ଗଣେଶ ନିରେଖେ ।
ଭାବିହୁଏ: କୋଉ ପାପ, କୋଉ ଲଜ୍ଜାରୁ ମା' ଧରତନୀ
ଲୁଚେଇ ନଉଚି ନିଜର ମୁହଁ ?
ରଜସ୍ୱଳା ଯୁବତୀର ବଳାତ୍‌କାରରେ ?
ନା ଚକ୍ରବ୍ୟୂହରେ ବାଟ ପାଉନଥିବା ଶିଶୁର ମ୍ରିୟମାଣତାରେ ??
ନା ମଝି ନଈରେ ନହକୁଥିବା ନୋଳିଆର
ଟୁଲ୍‌ଟୁଲ୍ ଡଙ୍ଗାର ଦୃଶ୍ୟରେ ??
କୌଣସି କଥାରେ ଉପସଂହାର ନାହିଁ ଗଣେଶର
ତା' ଗୋଡ଼କୁ ଛନ୍ଦି ପକଉଚି କୋଉ ଜଳ-ଲାଙ୍ଗୁଡ଼ିର ଅଦୃଶ୍ୟ ଜଂଜିର।

ସୁଦୂର କଲିକତାରେ ପାଇଟି ନିକେଇ ଗାଁକୁ ବାହୁଡ଼ିଥିବା
ଗଣେଶ ପାଇଁ କେଉଁ ବରାଭୟ ଝୁଲୁଚି ଥୁଣ୍ଟା ଜାମୁଗଛର ଡାଳରେ ?
ଖାଂକାରିଆ ମଝିବିଲରେ ଏକଲା ବସିଥିବା ପାଉଁଶିଆ କାଂଟି ବଗଟିଏ
ପରି ତା' ଚାରିପାଖରେ ଅର୍ବୁଦ ଅର୍ବୁଦ ନିର୍ଜନତା
ଦରଭଙ୍ଗା ସୁଟ୍‌କେଶ୍‌ଟି ଥୋଇଦେଇ
ବିଧବା ବୋଉର ପା' ଧୂଳି ଟେକି ନଉନଉ ତ' ସେ ଦେଖେ
ବୋଉ ଆଖିର ଲୁହରେ ଥରହର ଦ୍ୱାରକା
ଅବଶେଷଥିବା ହଡ଼ା ବଳଦଟିର ଆଖିରେ ଭର୍ତ୍ତି ହେଇଚି
ଅଣହେଳାର ଆର୍ତ୍ତି (ଲୁହ ଓ ମେଣ୍ଡିଆ)

ପଡ଼ୋଶୀ ଘରର ଅଗଣାରେ ମୁଣ୍ଡ ନାଡୁଛି କଅଁଳା ବାଛୁରୀ
ଝରୁନାହିଁ ଗାଈର ପହ୍ନାରୁ କ୍ଷୀର
ଅସମୟ ହେତୁ ସବୁ କେନାଲରୁ ନିଃଶେଷ ହେଇଚି ପାଣିଧାର ।
ଗଣେଶର ମୁହଁରେ କ୍ଷଣକ ପାଇଁ ଉଜ୍ଜ୍ୱଳି ଉଠି ନିଭିଯାଏ
ମନ୍ଦିର ଚୂଡ଼ାରୁ ଲମ୍ଫଦେଇ ପାଣିଛୁଇଁ ନଥିବା ଧରମାର ଏକାଟିଆ ଦୃଶ୍ୟ ।

ଧୂମ୍‌ଧୂମା ବିଲର ପଇହିଡ଼ରେ ଗଣେଶ ବସିଚି
ସୁକୁସୁକୁ କାନ୍ଦି ପିଠି ବୁଲେଇ ଦେଇଥିବା ଭଉଣୀଟିଏ ପରି
ତା' ଆଗରେ ଆଉ ତା'ରି ହେଇ ନଥିବା ଭିଟାମାଟି
କହ, କୋଉ ଭାବବିନୋଦିଆ ଫାଶିଆଳ ସେ ?
କଉଡୁକିଆ କାନିଶିରା ପାଇଁ
ଛକିଛକି ପାତିଦେଇଚି ତା' ଚତୁରପଣର ଅଠାକାଠି ।

କୋଉ ଦିଗକୁ ମୁହଁ ବୁଲେଇବ ଗଣେଶ ?
ପୂର୍ବ, ପଶ୍ଚିମ, ଉତ୍ତର ନା ଦକ୍ଷିଣ ?
ଐଶାନ୍ୟ, ନୈରତ, ବାୟୁ ନା ବରୁଣ ?
କୋଉ ମାଆର କାନିଧରି କାକୁତିବ
ଦେ' ବୁଣି ଦେ' ନିଦଧୂଳି ମାଆ ମୋର ବୁଜି ହଉନଥିବା ଆଖିରେ !
କୋଉ ଜଳବତୀ ମେଘ ଡକେଇଚିଯେ,
ହାତ ଠାରିଦବ : ପୂରିଯିବ ଶୂନ୍ୟ ନଈ, ନାଳ
ଆଁ କରିଥିବା ମାଟି ଉଛୁଳା ପାଣିରେ ?

ଗଣେଶ ପାରେନା ବୁଝି ଟନ୍‌ଟନ୍ କୁହୁଡ଼ିରେ
ଛପିଥିବା ଧୂଆଁର କୁହୁକ
କ୍ରମଶଃ ଅସ୍ପଷ୍ଟ ହୋଇ ଆସୁଥିବା ଚକୁଳିଆ ପଣ୍ଡାର ଡାକରେ
ନିଛାଟିଆ ଡାହୁକ ସ୍ୱରରେ
ଗଣେଶ ବାରିପାରେ ଉଜୁଡ଼ିଯାଉଥିବା ଗାଁ ଓ ତା' ଦୁଃଖଙ୍କ ମହକ ।
ସବୁ ମନେଅଛି ଗଣେଶର ।
ଦୁଶିଯାଉଚି: ନାଚମଣ୍ଡପରୁ
ଚିହ୍ନି ନଥିବା ପୁଅର ଶବପାଇଁ କଉଡ଼ି ମାଗୁଥିବା ହରିଶ୍ଚନ୍ଦ୍ରଙ୍କ ମୁହଁ

ବାସି ଯାଉଚି : ବେଲ ମୂଳେ
ଧୂପ, ଝୁଣା, ତରାଟ ଗଛର ଫୁଲ
ଚଇତି ପାହାନ୍ତିର ଧଳାମେଘ ପୁଳେପରି ମୁକୁଳୁଚି ମୁକ୍ତାବିଂଦୁ ଲୁହ ।
ସବୁ ମନେଅଛି ଗଣେଶର:
ରନ୍ଧା ହୋଇଯିବା ଅବଶିଷ୍ଟ ନିରାପତ୍ତା
ଉଇ ଚରିଯିବା ଅବଶିଷ୍ଟ ଗଣ୍ଡି, ବତା
ଦରିଦ୍ର-ପସରା ଖଂଡ଼େ ତାଟିଆ ଓ କବାଟ ପଟିକ ଧରି
ସୋସାଇଟି କ୍ରୋକ୍ ଗାଡ଼ି ଅଦୃଶ୍ୟ ହୋଇବା ପରେ
ପାଣି ଚୁଉଥିବା ରଙ୍ଗ ଗେଣ୍ଡୁଫୁଲ ପରି ବୋଉ ଆଖିପତା
ଉତ୍ତର ନଥିବା କୋଉ ମୁରବିର ଲହର ଡାକରେ
ପଉଷିଆ ଫୁଲସଞ୍ଜ ଯେମିତି ଚହଲିଯାଏ
ସେମିତି ଚହଲିଗଲା ଗଣେଶର ପା' ତଳ
ଟୀକା ଗୋବିନ୍ଦଚନ୍ଦ୍ରର ଲୁହ ଛିଡ଼ିକାରେ ଓଦାହେଲା ସବୁ ଲୋମମୂଳ ।

ବୁଢ଼ା ନିମଗଛରେ କଅଁଳପତ୍ର କାଇଁ ଯେ
କଉତୁକ ପବନରେ କାନରୁ ପଡ଼ିବ ଖସି ସୁଂଗଧିତ ଚମ୍ପାଫୁଲ
ବୁଢ଼ା ବରଗଛରେ ଗହଳ ଡାଳ କାଇଁଯେ
ପକ୍ଷୀର ସ୍ନେହରେ ଭିଜି ଭୁକିଯିବ ମାଟିରେ ଓହଳ ।
ଗହଳ ହୋଇ ବାଉଁଶ, ତାଳ ବୁରେଇ କାଇଁଯେ,
ଲୋଟଣି ଭାଙ୍ଗିବେ ବଣି ପାରା ଓ ଟେଂଟେଇ
ସାବନା ଦୁବଘାସର ପଡ଼ିଆ କାଇଁଯେ
ମେଘକୁ କହିବ ଆ' ଆ', ନୂପୁର ଥରେଇ !!

■

ବଢ଼ିପାଣିରେ ତୁ' ପା' ଥାପିଲୁ

ବାରଣ ମାନିଲୁ ନାଇଁରେ ବାବୁ !
ବଢ଼ି ପାଣିରେ ତୁ'ପା' ଥାପିଲୁ
ଗାଁ ଉଛୁଳୁଥିଲା ହୁଳହୁଳିରେ
ପୁର ଉଛୁଳୁଥିଲା 'ଶଙ୍ଖ' ରୋଳରେ
ଅଣ୍ଟାରେ ତନ୍ତୀବୁଣା ଗାମୁଛା ବେଢ଼େଇଦେଇ
ତୁ' ଏରୁଣ୍ଡି ବନ୍ଧ ଡେଇଁଗଲୁ ।

କଳା କୁଟୁକୁଟୁ ବାଣ୍ଟୁଣି ମୋର
ଡାଙ୍ଗ ଉଞ୍ଚେଇଲେ ତୁ' ଡରୁଥିଲୁ
ଅରଷ୍ଟି ପଣରେ ବିତିଯାଉଥିଲା ଯୁଗଯୁଗ
ରେ ମୋର ଆଢ଼ଶୂଳିଆ, କଥା ଆଣ୍ଟୁଆ
ପିଜୁଳି ବାଡ଼ିକି ବଇରୀ ତୁ'
କାକୁଡ଼ି ବାଡ଼ିକି କଣ୍ଟା ।

କିଏ ତୋତେ ଟିହେଇଲାରେ ବାବୁ !
ଫୁଲି ପଡ଼ିଲା ତୋ' ଲୋମମୂଳ
କେଉଁ ଅକ୍ରୁର ରଥ ଉପରେ ଡକେଇଥିଲା ?
କାହା ହେପାଜିତିରେ ଛାଡ଼ି ଦେଇଗଲୁ
ନିରିମାଖି ବୋଉକୁ ତୋ'ର ?

କୁରାଢ଼ି ହଣା ଏକପଟିଆ କବାଟଟିକୁ
ପିଠିରେ ଥୋଇ ଏରୁଣ୍ଡି ବନ୍ଧ ତୁ ଡେଇଁଗଲୁ !

ତୁ' ଗଲାବେଳେ ମହକିଗଲେ କି' ବଉଳ, ମଲ୍ଲୀ ବାଟ କଡ଼ରେ ?
ତୁ' ଗଲାବେଳେ ଉଚ୍ଛୁଳିଗଲା କି ହିଂସିକା ଲୋକଙ୍କ ବିଷାକ୍ତି ଆଖି ?
ପଛକୁ ଚାହିଁବା ବୃଥା ।

କିଏ ଓଗାଳନ୍ତା ବାଟ ତୋର !
କିଏ ଲମ୍ବେଇ ଦିଅନ୍ତା ଟଗରମାଳ ବେକରେ ତୋର ??
ଧୂଳି ଝାଂପୁରୁ ଝାଂପୁରୁ ମୁଣ୍ଡ, କଳାଦୁଦୁରା ପିଠିକୁ ତୋର
ଚାହିଁଲିରେ ବାବୁ, ଅନେକ ବେଳ, ଖୁ' ବେଳ ।

ଅନେଇଲି ହାତକୁ ମୋର : ନାଣ୍ଡିଆ ହାତ
ଅନେଇଲି ଘରକୁ ମୋର : ନାଣ୍ଡିଆ ଘର
ଅନେଇଲି କ୍ଷେତକୁ ମୋର : ନାଣ୍ଡିଆ କ୍ଷେତ
ଲୁହ ଝରିଲାରେ ବାବୁ ! ବନ୍ଧେଇ ହବ ନା' ଏ
ଭାଙ୍ଗିଲା ବନ୍ଧ ?

ହଁ, କୋଡ଼ି, କୋଦାଳ, ଝୁରା, ଟୋକେଇ ଘେନି
ଲୋକ ନେଉଟିଲେ ।
ଚାବୁର୍, ଚାବୁର୍ ପାହୁଲ ପାଣିରେ ଉଚ୍ଛୁଳିଲା ମଉଜା-ଦାଣ୍ଡ
ତୁ' ଏମିତି ଯେ, କେଉଁ ବଇଁଚ଼-ବଣରେ ଛପି ଗଲୁ !
'ଜହ୍ନ' ବୁଡ଼ିଗଲା ଆକାଶରେ, 'ଜହ୍ନ' ଉଇଁଲା
ତୁ' ଏମିତି ଯେ, ଗଲୁ; ବାହୁଡ଼ିଗଲୁ: ଅଇଲୁ ନାଇଁ ।
ଅଣ୍ଡା ପାହୁଲରେ ନିପିବି ବୋଲି
ଫୁଟାତେଲ ଫୁଟେଇଥିଲି, ଶୀତଳ ହେଲା
ବାଉଁଶ-କରଡ଼ି ଦେଇ ପୋଡ଼-ପିଠା ପୋଡ଼ିଥିଲି: ବାସିହେଲା
ଘାଇକୁ ରୋକିବ କିଏ ନା' ନଈକୁ ରୋକିବ କିଏ ?

ଆ' ବାବୁ ! ନିଶୂନ୍ କାଖରେ ମୁଁ ତକେଇଚି
ନିଶୂନ ଦୁଶୁଚି ଧାନକ୍ଷେତ
ଖାଁ ଖାଁ ପିଜୁଳି ବାଡ଼ି
ଘର ଆଗରେ ପୋଡା ହେଇଚି
କଦଳୀ ଗଛ : ଗାଁ ସାରା ।
କଳସ ଉପରେ ଥୁଆ ହେଇଚି ଆମ୍ବଡାଳ: ଗାଁ ସାରା
ଖାଲି କୋଳରେ ମୁଁ ଫୁଲ -ଗାଲିଚା ପାରିଦେଇଚି
ଆ, ଆ ବାବୁ ! ନିଶୂନ୍ କାଖରେ ମୁଁ ତକେଇଚି ।

■

ଜଳଂଧର ଉବାଚ

ଆଃ, ଗଛଟିଏ ତ ପୋତି ହେଇଚୁ ମାଟିରେ
କଂକିଟିଏ ଉଡ଼ି ଆସିଲେ ପତେଇ ଦଉ ଡାଳ
ଉଡ଼ି ଆସିଲେ ପ୍ରଜାପତି ପତେଇ ଦଉ ଡାଳ
ଆଃ, ଗଛଟିଏ ତ ପୋତି ହେଇଚୁ ମାଟିରେ !

କଉଁ ମୃତ୍ୟୁ ମାରିଦବ ମୋତେ ?
କଖାରୁ ପତ୍ରରେ ଟପ୍‌ଟପ୍ ହେଇ ଝରୁଥିବା ବର୍ଷାରେ
ତୋ'ରି ହେଇ ମୁଁ ଦୁଶିଯାଉଚି
ନିଶାର୍ଦ୍ଧରେ କାନପାର୍
ତୋ'ରି ହେଇ ମୁଁ ଡାକି ଦଉଚି
ତୁଳସୀ ! ମୁଁ ଶ୍ୟାମଳ ଶିରାଟିଏ
ତୋ'ରି ପତ୍ରରେ ମିଶି ଯାଉଚି ।

କ୍ଷୋଭ କ'ଣ ଯେ,
ବଢ଼େଇ ଦେ' ପାଦ ତୋ'ର, କୁରୁବକ କଣ୍ଟା କାଢ଼ିଦେବି
ସ୍ୱାମୀ ବ୍ୟାଜରେ ଶେଯକୁ ତୋର ଆସିଥିବା
ସବାଶେଷ ଶ୍ୟାମଳ ଲୋକଟି ସହ
ଲକ୍ଷେ ଈଶ୍ୱରଙ୍କୁ କ୍ଷମାଦେବି ।

କେତେ କାଳ ଆଉ ପଥର ମୁଣ୍ଡରେ
ଗୋଡ଼ ପୋତି ବସିଥିବୁ !
କୁଡ଼ିଆ ଆଗରେ ଶୁଖିଲା ପତ୍ର ଜମିଲାଣି
ଧୂଳିରେ ପୋତି ଗଲାଣି ପହୁଡ଼ିବାର ସୁପାତି ଶେଯ
କେତେ କାଳ ଆଉ ପାଦ ଦୁମୁକେଇ ହିଂସି ହବୁ !
ମହୁଲ ପାଚିଲାଣି ନଟିଫୁଲ ବାସିଲାଣି
ଖାଲି 'ହଁ' କରିଦେ, ଦୁଆର ମୁହଁରେ
ଲକ୍ଷ୍ମୀ ଚିତା କୁଟେଇଦେବି ।

■

ପ୍ରେମିକା

ନା, ଚମ୍ପା ସେଠି ଫୁଟେ ନାହିଁ
ନା, ଫୁଟେନି ଟଗର, ମଲ୍ଲୀ, କୁନ୍ଦ କି ମନ୍ଦାର
ସେଠି ଖାଲି ଚୁନିଚୁନି ନଟି ଫୁଲ ଫୁଟେ
ସାଦାସାଦା ନୀରବତା ପା' ତଳେ ଲୋଟେ ।

ବୋଉକୁ କହିଲି ବୋଉ, ଖରାବେଳ :
ବୁଲିଯିବି ନଈକୂଳ, ଧାନବିଲ ମାଳମାଳ
ବୋଉ ମନାକଲା;
ବୋଉକୁ କହିଲି, ବୋଉ !
ଜଗିଯିବି ଧାନବିଲ, ଗୋରୁ ପଲପଲ
ବୋଉ ହଁ କଲା ।
ହଇରେ ରସିକୀ ଝିଅ ! ମିଛେ ମିଛେ ବଂଚିଲି
ତୋ' ପାଇଁ
ମିଛେ ମିଛେ ରଚିଲି ସଂସାର
ଚଉକତି ନିରେଖିଲି
ସସାଗରା ଚହଟୁଚି ତୋ' ରଙ୍ଗ ଅଧର ।

ସକାଳୁ ସକାଳୁ ଖାଲି ପହଁରା ଚରକା ଶୁଭେ
ଜାଣେ; ଜଣେ ଗୋଟାଏ ପତର
ରତା ସଞ୍ଜବେଳେ ଖାଲି କଳସୀ ବୁଡ଼ିବା ଶବ୍ଦ
ଜାଣେ; ଜଣେ ପୋଖରୀ ତୁଠର
ନିଃଶ୍ୱାସ ମାରିଲେ ଆହାଃ ଅତର ଅତର ବାସେ
ଏଇ ବୋଲି ଆଲିଂଗିଲେ ଉଂଛୁଡ଼ି ପଳାଏ
ଆପଣା ଛାତିରେ ତୁଚ୍ଛା ହାତ ଛନ୍ଦି

ଥା' ଥା' ସେଇ ଦୂରରେ ଥା'

ତୁ' ଯେତେବେଳେ ଆଉ କୋଉଠି ଥାଉ, ମନେହେଉ
ମୋ' ଶେଯରେ ଥିଲା ପରି
ମୋ' ଦେହର ସର୍ବାଙ୍ଗରେ ଚହଟିଯାଉ ଧୂପ ପରି ।

ତୋ' ନିବିଡ଼ତାରେ ମୁଁ ଶଙ୍କିଯାଏରେ ସୁନ୍ଦରୀ !
ତୋରି କେଶ ସାଉଁଳେଇଲା ବେଳେ ବି
ମୁଁ ତୋର ହୋଇ ନଥାଏ । ନ ଥାଏ ତୋର ନଈ, ନଥାଏ କଦମ୍ବ ।

ତୁ' ଯେତେବେଳେ ମୋର ନିକଟ ହେଉ
ଛାଁ କୁ ଛାଁ ତୋ' ମୋ' ମଝିରେ ଖୁନ୍ଦି ହୋଇଯାଏ
ନଈ ନାଳ । ମୋ' ଠୁଁ ତୁ' ଅପସରି ଯାଉ, ଅଦୃଶ୍ୟ ହେଇଯାଉ
କୋଉ ସାହାଡ଼ା ଗଛ ସନ୍ଧିରେ । ତୁ' ଥିଲେ
ଛି' ହୋଇଯାଏ ମୋ ପୁରୁଷକାର । ନାଭି ମୂଳରୁ
ବଳାବନ୍ଧ ଯାଏ ଶୋଇ ରହେ ଖଣ୍ଡେ ନିଷ୍ପ୍ରାଣ ପଥର ।

ତୁ' ଯେତେବେଳେ ଦୂରରେ ଥାଉ
ଛନଛନିଆ ପାଳଙ୍ଗ ଶାଗ ପରି ଛନକେଇ ଯାଉ
ମୋ' ପଲଙ୍କରେ । କଡ଼ରେ କଡ଼ ଲଗେଇ କୁଙ୍କୁରି ଯାଉ
ଦୂରତାରେ ତୁ ନିବିଡ଼ ହୋଇଯାଉ, ଦୂରତାରେ ତୁ' ଧରାଦେଉ ।

ଦୂରତା ଖାଲି ତୋ' ଗାଁରୁ ମୋ' ଗାଁ,
ଦୂରତା ଖାଲି ମୋ' କଖାରୁ ବାଡ଼ିରୁ ତୋ' ଫୁଲବାଡ଼ି
ତୋ' ଦେହରୁ ମୋ' ଦେହ ନୁହେଁ
କି ତୋ' କଜଳ, ହଳଦୀରୁ ମୋ' ଉତୁରା କ୍ଷୀରର
ପାଟ ନୁହେଁ । ରଙ୍ଗ ସରସର ଓଠ ନୁହେଁ ।

ନିଝାଡ଼ ନିକାଞ୍ଚନରେ ତୁ' ଯେତିକି ମୋର ହୋଇ
ପଡ଼ିରହୁ; ମୁଁ ସେତିକି ସେତିକି ବଶମ୍ବଦ ହୁଏ
ତୋ' ସାନ୍ନିଧ୍ୟର । ତୁ' ଯେତିକି ଯେତିକି ଦୂରେଇ ଯାଉ
ସେତିକି ସେତିକି ଚହଟି ଆସେ ତୋ' ଆଖି, ଓଠ
ନାଭିର ଅନ୍ଧାର ।

ତୁ' ସେଇ ଦୂରରେ ଥା'ରେ ସୁନ୍ଦରୀ
ବଉଳି ଆସୁ ଥା' ମୋ' ନିଘୋଡ଼ ନିଦରେ
ଝାଉଁଳି ଯାଉଥା' ମୋ' ନଖ, ଦନ୍ତ ପୀଡ଼ାରେ
ତୁ' ସେଇ ଦୂରରେ ଥାଇ ମୋ' ତକିବିନା ବୁଝୁଥା'
ଥା' ଥା', ତୁ' ସେଇ ଦୂରରେ ଥା' ।

■

ରଣବଣ ଶୂନ୍ୟତାରେ କରୁଣ ଛାଇଟେ ହୋଇ
ମୋର ଦେହ ଭାସେ ।

ତାକୁ ତ ପାଇବି ବୋଲି ନଇଁଦେଲି ଜାମୁଡାଳ
ଖଜୁରି ଗଛ ମୂଳରେ ଆରଂଭିଲି ଛକପକା ଖେଳ
ତାକୁ ତ ପାଇବି ବୋଲି ବାଲିଛତୁ ତୋଳୁଥିଲି
ଭାଂଗୁଥିଲି ଜିଆଂକର କାଦୁଅ ଦିଆଲ
ସିଏ ତ, ଓଳିତଳେ ଛପିଥିବା ବଉଳ ଫୁଲର ବାସ୍ନା
ବାରିହୁଏ, ଧରାଦିଏ ନାହିଁ।

ସେ କିଏ ବୋଲି ପଚାରନି ସୁଧୀଜନେ !

ହଳ ଠିଆ କରି ଥକ୍କା ମାରୁଥିବା ବୁଢ଼ା ହଳୁଆର
ଝାଳ, କିଏ ପୋଛିଦିଏ !
ସୁଆରିରେ ଚଢ଼ି ଶାଶୁଘର ଯାଉଥିବା
ଝିଅଟିର ଲୁହ ପୋଛେ କିଏ !
ସେ କିଏ ! ନା, ଗାଁ ନୁହେଁ
ସିଏ କିଏ ! ନା, ମାଆ ନୁହେଁ
ସେ ଗାଁ ମୁଣ୍ଡ ମଥାନରେ ମେଘ ଓ ସରଗ ଛୁଇଁ
ନଇଁ ଆସୁଥିବା ନିଛାଟିଆ ଓଦା ହାତଟିଏ ।
ସାହାଡ଼ା କୋଚିଲା ଗଛ, ହେଁସୁଆତି ବଣ ତଳେ
ସାରାରାତି କାଟେ ସିଏ, କିଆଫୁଲ ଘର
କି ସୁନ୍ଦର ଜହ୍ନରାତି !
କି ଘଟଣ ଓଦାଓଦା ଆଖିପତା ତାର !

ଓସ୍ତ ଡାଳେ ବସିଥିବା ଉଦାସିଆ କାଂଟିବଗ
କଅଁଳ ବବୁରି ପତ୍ରେ ଚିକ୍‌ମିକ୍ ଖରା
ଝିପିଝିପି କୁଣ୍ଡାଝରା ମେଘ
ଦୁଶିଯାଏ ବେଳେବେଳେ ଆଉ କାହା ପରି
ପଇଁୟା ଖାଡ଼ି ଆଲୁଏ ଫେରୁଥିବା

ବୁଢ଼ୀ ମାଆ ମୁହଁ ଯାହାଠାରୁ
ହୁଏ ନାହିଁ ବାରି ।

ଲୋମ ମୂଳ ପୁଲକାଇ ବହିଯାଅ
ଛୋଟିଆ ପବନ ତୁହେ : ତମେ ନା, ତମେ ନା !
ଦୂର ନୀଳ ପାହାଡ଼ରେ ଗୁଂଜମାଳ ଗୁଂଥୁଥାଅ
ତମେ ନା, ତମେ ନା !

ନା, ସେଠି ପଦ୍ମ ଫୁଟେନାହିଁ, ଫୁଟେ ନାଇଁ କଇଁ
ନା, ଫୁଟେନି ରଜନୀଗନ୍ଧା, କୁନ୍ଦ,ହେନା, ଯୂଇ
ସେଠି ଖାଲି ଚୁନିଚୁନି ନଟିଫୁଲ ଫୁଟେ
ଦୁଧିଆଳୀ ଗାଈର ସ୍ନେହରେ ବିକା
ଗାଁ ଗୋହିରିର ନାଁ ପ୍ରେମିକା, ପ୍ରେମିକା ।

■

କି ଦୃଶ୍ୟ ଏ ସଜନୀ !

ବିପରୀତ ଦୃଶ୍ୟମାନ ଦୁଶିଲାଣି ସଜନୀ ଗୋ !
ହେବ କି ପ୍ରଳୟ ?
ରୁଧିର-ଯମୁନା ପ୍ରାୟ ଦୁଶିଲାଣି ଶ୍ୟାମ ଦିଗ୍‌ବଳୟ ।
କଳା କିଟିମିଟି ରାତି : ଦେଖ, ଦେଖ ପଦ୍ମ ଫୁଟିଅଛି
ଘନଘୋର ଅମାବାସ୍ୟା : ଦେଖ, ଦେଖ କଇଁ ଫୁଲକୁଚି
ସମୁଦ୍ରରେ କେତେ ଢେଉ: ଦେଖ ଦେଖ ପାହାଡ଼କୁ ନଇ ଫେରୁଅଛି
ନିମ୍ବ ଗଛ ଡାଳେ ଦେଖ, ଧାଡ଼ିଧାଡ଼ି କଦମ୍ବ ଫୁଟିଚି ।
କଂଟା ନାହିଁ, ଝଟା ନାହିଁ ସଜନୀ ଗୋ ! ଯାଉଁ ଯାଉଁ ଅଟକୁଚି ପାଦ
କେହିନାହିଁ ଚଉପାଶେ, କୁହ ! ଅସ୍ଥିର କରୁଚି କା'ର ରେରେକାର ନାଦ ?

ମନେହୁଏ, ବେଳେବେଳେ ବସିଥିବା ବେଳେ
ଯେପରି ମୁଁ ନାହିଁ
ଭାସୁଅଛି ଆକାଶରେ ତୂଳାରଙ୍ଗ ମେଘ ଖଣ୍ଡେ ହୋଇ
ନାଚନ୍ତି ଗନ୍ଧର୍ବମାନେ ଦୁଂଦୁଭି ବଜାଇ
ପାରିଜାତ ହାରମାନ ଯାଉଛି ମୋ' ଗଳାରେ ଲମ୍ବାଇ ।
ଶଙ୍ଖ ଶବଦ ନା' ଗାଈଙ୍କ ନିଃଶ୍ୱାସ ଇଏ !
ବାରିବାରେ ବିତିଯାଏ ବେଳ
ଝାଉଁଗଛ ଡାଳ ନା' ଏ ମୟୂରର ଚୂଳ !
ବାରିବାରେ ବିତିଯାଏ ବେଳ
ମନାକର ସଜନୀ ଗୋ ! ମୁଁ ସମୁଦ୍ର କୂଳ ନୁହେଁ
କ୍ଷୀର ରଂଗ ଲହଡ଼ିରେ
(ଆଃ) ଗଲା, ଭିଜିଗଲା ମୋ' ରଂଗ ଦୁକୂଳ !

କି ବିଚିତ୍ର ସ୍ୱପ୍ନ ସଖୀ ! ଦେଖୁଛି ମୁଁ ନିଶାର୍ଦ୍ଧରେ !
ଦୂର ଏକ ପାହାଡ଼ର ନୀଳବର୍ଣ୍ଣ ଅନ୍ଧାରରେ
ନିର୍ମିତ ହୋଇଛି ଏକ ପତ୍ରର କୁଡ଼ିଆ
ମୁଁ ଶୋଇଛି ସେଇ କୁଡ଼ିଆରେ, ନିଶ୍ଚିନ୍ତ ନିଦରେ
ବହୁ ଦିନୁ ମୃତ ମୋର ପିତାଙ୍କର ସ୍ନେହାର୍ଦ୍ର କୋଳରେ
ନାଗସାପ ଢାଂକି ଅଛି ପାଟଛତା
କପାଳରେ, ଶ୍ୱାନ ଓ ଶୃଗାଳ ମୋର ଜଗିଛନ୍ତି ଦ୍ୱାର
ମହିଁଷି ପାତିଛି ଶିଂଘ ଦକ୍ଷିଣରୁ, ସମର୍ପିଛି ଶାଗୁଣାକୁ
ପ୍ରତ୍ୟୟରେ ଯା'ର ପ୍ରତିକାର ।

ବିଳମ୍ବ କାହିଁକି ଏଡ଼େ ସଜନୀ ଗୋ !
ନୟନରେ ଦିଅ ମୋର କଜ୍ଜ୍ୱଳର ଗାର
ସମୟ ଶାଶୁକୁ ଦେଉ ମୋହ ନିଦ୍ରା, ମଧୁର ସ୍ୱପ୍ନରେ ଭରୁ
ଦୁଇ ଆଖି ନଣଂଦର ମୋର । ପୁନଶ୍ଚ ଫେରିବା ଯାଏ
ମୋତେ ଭୁଲି ଯାଆନ୍ତୁ ମୋ' ସ୍ୱାମୀ
ପୁଅ ଥାଉ ଖେଳରେ ବିଭୋର
ଶିଶିର ଲିଭାଇ ଦେଉ ପାଦଚିହ୍ନ ମୋର
ଅନ୍ୟ ତରୁଣୀଏ ସାରା ରାତି ହୁଅନ୍ତୁ ବଧୀର ।

■

କେମିତି କାଟୁଚି ଦିନ

ତମେ କିମିତି ଜାଣଂତଯେ,
କେତେ କଷ୍ଟ ସହିଲିଣି ତମ ଲାଗି !
ଏଇ ପଣତ ନିବାରି ଦେଲି, ଚାହଁ ମୋତେ
ଫିରିଫିରି ରକ୍ତ ବହୁଅଛି ସର୍ବାଂଗରୁ
ଛକ ପଡ଼ିଯାଇଛି କିପରି ଗୋଡ଼, ହାତ ମୋର !
କିମିତି ବେଳକୁ ବେଳ ମିଳେଇ ଯାଉଚି ଦେଖ
ଦାଉଦାଉ ଜଳୁଥିବା ଏ ମୋର ଶରୀର !

କୁହ ! କେତେଦିନ ଆଉ ନିକେଇବି ପରଘର ?

ଇମିତି ହୀନସ୍ତା ଯୋଗ ଲେଖିଥିଲ କପାଳରେ
ଗୋବର ଗନ୍ଧରେ ନାକ ଫାଟି ପଡୁଅଛି
ମହଣେ ଭାରି ଲାଗୁଛି ନିଜ ପିନ୍ଧା ଲୁଗା
ତେଲ ହାତ ଟିକେ ବାଜୁନାହିଁ ମୁଣ୍ଡରେ ମୋ'
ଦେଖ, ଫୁରୁଫୁରୁ ଉଡ଼େ କେଉଁପରି
ମଥା ବାଳ ମୋ'ର !

ସମସ୍ତେ ଅସୁଖ ମୋତେ ପାଉଛନ୍ତି
ସୁଧାର ଦିହକୁ ମୋର ଘିନାଘିନା ଆଖି ଛାଟୁଛନ୍ତି
ପୋଇନାଡ଼ି ପରି ଦିହ, ନାଁକୁ ଯା' ସାହା ଚାଲିଅଛି
ଏକା ଘରକର କାମ ଅଟେ ଅନୁକୋଟି !

ଶୁଣ ! କିମିତି କାଟୁଚି ଦିନ ଆଜିକାଲି
ଆଖି ଅଛି, ଯେପରିକି କିଛି ଦୁଶୁନାହିଁ
କାନ ଅଛି, ଯେପରିକି କିଛି ଶୁଭୁନାହିଁ
ଓଠ, ପାଟି ଅଛି ମୋର, ଜଡ଼ା ପାଲଟିଛି
ନାକ ମୁଁ ବହିଛି, ମୋତେ ବାସୁନାହିଁ କିଛି
ଶୁଣ ! କିମିତି କାଟୁଚି ଦିନ ଆଜିକାଲି !

ତମେ ଏଡ଼େ ଜଣେ !
'ଘର' ବୋଲି କହି 'ଲୁଣ ହାଣ୍ଡିଟିଏ'
ଦେଲ ବହଲାଇ !
ତମେ ଏଡ଼େ ଜଣେ !

ଅନବର୍ତ ନାଚିନାଚି ଗୋଡ଼ ଫାଟି
ପଡ଼ିଲାଣି, କିଏ ସେ ଆଉଁଶି ଦବ ପା' ତଳି ମୋର
ଆଉଜି ପଡ଼ିଲେ ପତା
କିଏ ସେ ମେଲାଇଦବ କୋଳକୁ ତାହାର ?

ମନେ ଅଛି ?
ବହୁ ଜନ୍ମ ତଳେ ମାଗିଥିଲି ତମକୁ ମୁଁ
ତାରକା-ଖଚିତ-ରାତିଟିଏ
ହାତକୁ ବଢ଼େଇ ଦେଲ, ହସିହସି କରୁଣାରେ
ନିଛାଟିଆ-କପାଳ ଗୋଟିଏ ।
ନିଛାଟିଆ-କପାଳ ଗୋଟିଏ ଦେଲ
ନାଇଁ ଗଛଟିଏ
ଆଡ଼ଦୀର୍ଘ ଚଉକୋଶ
କା' କରୁନାହିଁ କୁଆଟିଏ ।

ବାଇ ସା'

କାର୍ତ୍ତିକ ନିଗିଡ଼ାରେ ଧାନଗଛ ବାଁରେଇ
କ୍ଷେତକଣା ମାଛ ଧରୁଥିଲ
ଆଣ୍ଠୁଯାଏ କାଦ ସାଲୁବାଲୁ, ନୁଖୁରା ବାଳ
ଓ ନେଳିଶିରାପକା ତମ ହାତ
ମୋର ଅବିକଳ ମନେ ଅଛି ।
ତମ ଉଦାସପଣ, ଠିକ୍ ଅଶିଣର ଫଇଲାଟ୍ ଆକାଶ ପରି
ନିଛାଟିଆ ଓସ୍ତ ଗଛର ସବା ଅଗ ଡାଳରେ
ଅଜଣା ଚଢ଼େଇ ବସାଟିଏ ଯେମିତି ତମେ !

ଖଂଡ଼େ ତଂତୀବୁଣା ଗାମୁଛା, ଗୋଟିଏ ଫତେଇ ଆଉ
କରାଟେ ନାସରେ ତମରି ସର୍ଜନା ଗଢ଼ା
ତମର ଅପେକ୍ଷା ନଥାଏ ସୂର୍ଯ୍ୟ ଉଇଁବାକୁ
ବିଲୁଆ ଭୁକିଲେ ବେଳ ବୁଡ଼ିଗଲା ବୋଲି
ତରକା ପଶେ । ଯେମିତି ଗୋଟିଏ ପିଚୁରାସ୍ତା ତମେ
ଓ ତମ ବାଟଦେଇ ଅନଂତ ସମୟ ଗଡ଼ିଯାଏ ।

ତମେ ଋତୁ ତିଆରି କର ।
କାଲୁବାଲୁଆ ମୁହଁରେ ଗଢ଼, ଚପର ଚପରିଆ ଝଡ଼ି ଦିନ
ହସକୁରା ଓଠରେ ଗଢ଼, ଖରାଟିଆ ଅପରାହ୍ନ
ତମେ ବିଂଧାଣିଟିଏ : ଦୁଃଖ ଗଢ଼, ସୁଖ ଗଢ଼
ବର୍ଷା ଗଢ଼, ବଂସତ ବି ଗଢ଼ ।

ହୋ ବାଇମନ !
ଶାଢ଼ି ଶଂଖା ଦେଇ ଯାହାକୁ ନିଜର କଲୁ
ସେ କୋଉ ନିଜର ହେଲା ?

ଅକ୍ଷାଢୁଆ ସୂତା ନ ଫିଟୁଣୁ
ଯାହାକୁ ବଢ଼େଇ ଦେଲୁ କୁଂଚି କାଠି
ସେ କୋଉ ନିଜର ହେଲା ?

କ'ଣ ତୋତେ ଅଜଣା ଥିଲା !
ଅଜଣା ଥିଲା କି, ଆଗ ଭାତ ଅଧା ହେଇଥିବ: ବଇଁଶୀ ବାଜିବ ?
ଅଜଣା ଥିଲା କି, ପାକଳି ନଥିବ ଛାଇ ନିଦ: ବଇଁଶୀ ବାଜିବ ?
ବାଇମନ ! ନଈକୁ ହୁଏନା ରୋକି, କହିବ ଯେ ବହନା, ବହନା
ପଛ କରି ଚୁଲ୍ଲୀମୁଣ୍ଡ, ଉହ୍ଲେଇର ନିଆଁ
ପଛକରି ବାଡ଼ି ପଛ ଅରମାର ବୁଦି ବୁଦି କିଆ
ପଛକରି ଜହ୍ନରାତି, ଭାର୍ଯ୍ୟା ଗଲା ଚାଲି
(ସୁନାର ହରିଣ ପାଇଁ କେଉଁ ଭାର୍ଯ୍ୟା କରେ ନାହିଁ ଅଳି ?)
କେମିତି ଆକଟ କଲ ବାଇସା' ହୋ !

କରତ କାନ୍ଧରେ ଥୋଇ
ନାଳିଗୁଡ଼ି ସଡ଼କରେ ଢିପେଇ ଢ଼ିପେଇ ତମେ
ବଡ଼ି ଭୋ'ରୁ ଯାଅ
ଦୂର ଗାଁ, ଦୂର ବସ୍ତି, ଦୂରଦୂର ବଗିଚାରେ ତମେ କାଠ କାଟ
ପଖାଳ କଂସାରେ ଭଂଗା କଷି ଆଂବ ବାସନାରୁ
କାହା ବାସ୍ନା, କାହା ସ୍ମୃତି ବାର ?
ବାଇସା'ହୋ ! ବଡ଼ି ଭଜା, ସୁଜୁନା ଶାଗ ତାଟିଆ
ଏକଡ଼ ସେକଡ଼ କରି କାହା ହାତ ସ୍ପର୍ଶ ଧଂଦିହୁଅ ?
ସଂଜବେଳେ ଘରକୁ ବାହୁଡ଼ି ଆସି
ପଇତାରୁ ଚାବି ଅଂଡ଼ାଳିଲା ବେଳେ
କାହା ଦୁଃଖ ମେଘ ହେଇ ଉଏଁ
ଗୋଡ଼ ତଳିପା'ରୁ ତାଳ ଅଂଶା କାଢ଼ିସାରି
ଶୁଂଠି ଘୋରା ନିପି ଦେଲା ବେଳେ
ଜଳ କବାଟି ଫାଙ୍କରେ
କେଉଁ ଦୃଶ୍ୟ ଉଙ୍କି ମାରିଯାଏ !

ଏଇ ଦିନା ଚାରି ହେବ
କେନାଲ ପୋଲ ଉପରେ ଖୋପି ଜାଲ ବୁଣୁଥିଲ,
ପଚାରିଲି, 'ବାଇଆ'ଇ ! ନୂଆଧାନ କରିଛନା'

ଅଳ୍ପ ହସିଦେଲ । 'ମନ ଛିକେଇଲା, କରିଥିଲି ପାଏ ଜମି,
ଗୋରୁ ଛାଡ଼ିଦେଲି ।' ତା' ପରେ ରହିଲ ଚୁପ୍,
ଟପ୍‌ଟାପ୍ ବୁଣିଗଲ ଜାଲ
ସଂସାରକୁ ହିଂଜିଥିବା ବେଦୁଲ୍ ଚକ୍ଷାଟେ ପରି
ଶୋଇଥିଲା କ୍ଳାଂତ ଧାନବିଲ ।

ଚୁପ୍ ହୋଇ ବେଳେବେଳେ ଆଖି ବୁଜିଦେଲେ
'ଡାରେ ନାନା' ଗୀତଟିଏ ଅଂଧାରରେ ଶୁଭେ
ବାଇସା' ହୋ ! କି ଗୀତ ଗାଅ ଯେ ତମେ
ଏଡ଼େ ନୀରବରେ ! କି କବିତା ଲେଖ ତମେ
ଝୋଟ କାଟୁଥିଲା ବେଳେ ଗେରୁଆ-ସଂଜରେ !

ବାଇ ସା' ହୋ !
ପୋଡ଼ିଯାଉ ଧାନକ୍ଷେତ, ଦୁଃଖ ନାହିଁ
ବାହୁଡ଼ି ନ ଆସୁ ଭାର୍ଯ୍ୟା, ଦୁଃଖ ନାହିଁ
ସକାଳଠୁଁ ସଂଜଯାଏଁ ତମେ ଖାଲି
ଆତଯାତ ହୁଅ ।
ଆକାଶର ଚଢ଼େଇଂକୁ ଯାଚି ଦିଅ ନଡ଼ିଆର ରସ
ହତାଶ ଏ ଶତାବ୍ଦୀକୁ ବାଂଟି ଦିଅ ମଧୁର ବିଶ୍ୱାସ
ଆସ ଆସ ବାଇସା' ହୋ ଛାଇତଳେ ବସ !

ଆକାଶକୁ ମାଗିଛି ମୁଁ ନୀରବତା
ଗଢ଼ିଦେବି ତମର କଂକାଳ
ବାଉ ଚଢ଼େଇ କି ମାଗିଛି ମୁଁ ନିରାପତ୍ତା
ଗଢ଼ିଦେବି କୁଡ଼ିଆ ତମର
ଗଢ଼ିଦେବି ତମ ଆଖିପତା
ଅରଣ୍ୟକୁ ମାଗିଛି ଅଂଧାର
ଦୋସମାଳି ସାହାଡ଼ା ଗଛମୂଳରେ ଥୋଇଦେବି ତମମୂର୍ତ୍ତି
ପା' ତଳେ ଲେଖିଦେବି, ତମ ନାମ 'ବିମୁଗ୍ଧ ସଂସାର' ।

ଆଜି କ'ଣ ବାଜିବ ମୂରଲୀ ?

ବହୁ ଦିନୁ ସଂପର୍କ ନଥିବା ପ୍ରେମିକାର ହସ ପରି
ପବନ ଲାଗଇ ମତେ
ମାଡ଼ି ମାଡ଼ି ପଡ଼େ ଚଉଦିଗ
ରକ୍ତ, ମାଂସ ଓ ଶରୀର ନଥିବା ଆକଟଟିଏ, କି ଆଶ୍ଚର୍ଯ୍ୟ
ଓଗାଳୁଚି ଆଗ ।
କଖାରୁ ପତ୍ରରେ ଝରୁଥିବା ଟପ୍‌ଟପ୍ ବର୍ଷା, ଯାହା ପ୍ରତି
ଏତେଦିନ ରହୁଥିଲି ଉଦାସୀନ, ତାହା ଭାଂଗେ
ନିଦ ଅଚାନକ; ସ୍ନାୟୁରେ ଯାଉଚି ପୂରି
ବାରି ହେଉ ନଥିବା ମହକ ।

ଯଦିଓ ଏ ନୂଆ ନୁହେଁ
ଘର ସାମ୍ନା ବଗିଚାରେ ପେଚାଂକର ହୁଟ୍‌ହୁଟ୍ ଶବ୍ଦ
ଯଦିଓ ଏ ନୂଆ ନୁହେଁ
ସାତ ଦିନ ବଜ୍ରପାତ, ସାତ ଦିନ ଇଂଦ୍ର ପରମାଦ
ମଶାଣି ପରି ଲାଗଇ ମତେ ବାଡ଼ି ଘର
ପୋଡ଼ା କରଂଜ କାଠର ଅଂଗାର ତ ଚାରିଆଡ଼େ
କୁହ କେଉଁଠି ଥୋଇବି ମୋର ସୁବାସିତ ପାଦ !

ଏ କି ଅଘଟଣ ସଖୀ ! ଘଟିଯାଏ
ଅଜ୍ଞାତରେ ମୋର । ଅପୁତ୍ରିକ ଅପୁତ୍ରିକ
ଲାଗେ, ଥାଉଁ ଥାଉଁ କୋଳରେ କୁମର
ଦାସୀ, ମୁଦୁସୁଲୀ ମେଳେ, ଲାଗେ ମତେ
ଯମ ଦୂତ ଘେରିଛନ୍ତି ଅବା
ସ୍ୱାମୀ କଲେ ଆଲିଙ୍ଗନ, ଲାଗେ ମତେ ବିଧବା ବିଧବା
ଏକି ଅଘଟଣ ସଖୀ ! ଘଟିଯାଏ ଅଜ୍ଞାତରେ ମୋର
ଦେଉଳ ଘଂଟାରୁ ଶୁଭେ ମୃଦୁ ଅହ୍ୟ ଡେଂଗୁରାର ସ୍ୱର ।

ରାତି ଟିକେ ବେଶି ହେଲେ ଆଜି କ'ଣ ବାଜିବ ମୂରଲୀ !
ରାତି ଟିକେ ବେଶି ହେଲେ ଆଜି କ'ଣ ମହକିବ ମଲ୍ଲୀ !

ବଢ଼ାଇ ଦେଉଛି ଗୋଡ଼, ସଜନୀ ଗୋ !
କାଟିଦିଅ; ମୃଗମଦ, କସ୍ତୁରୀର ଚିତା
ବଢ଼ାଇ ଦେଉଛି ଗୋଡ଼, ସଜନୀ ଗୋ !
ମାଖି ଦିଅ; କୁଂକୁମ, ଅଳତା
ବଢ଼ାଇ ଦେଉଛି ହାତ,
ଦିଅ, କାଛି ଦିଅ ସୁବର୍ଣ୍ଣର ବାହି
ମୁକୁଳା ରଖିଛି ଗଭା,
ଦିଅ, ଖଚି ଦିଅ ହେନା, ସେବତୀ ଓ ଯୂଇ ।

ରାତି ଟିକେ ବେଶି ହେଲେ ଆଜି କ'ଣ ବାଜିବ ମୂରଲୀ !
ରାତି ଟିକେ ବେଶି ହେଲେ ଆଜି କ'ଣ ମହକିବ ମଲ୍ଲୀ ?

ଯିବି କି ନ ଯିବି

ପୁଅ ଆସି କାନିକୁ ଭିଡୁଚି ମୋ'ର
                    ମାୟା ଆସୁନାହିଁ
ଗୋଡ଼ରେ ଦେଉଚି ଯାଆ, ଅଳତା ପିଂଧେଇ
କଉତୁକ ମୋତେ ଲାଗୁନାହିଁ ।

ଛିଃ, ଏଇନା ମୋ' ଦିହ
ପାଉଁଶ ଲେପିଲା ପରି ଯାହା
ଦିଶୁଅଛି ।
ଛିଃ, ଏଇନା ମୋ' ଦିହ
ଲୁଣିମାଛ କାତି ପରି ଯାହା ବାସୁଅଛି !

ମଳି ପିଇ ଯାଇଥିବା ଲୁଗାକୁ ମୋ' ଚାହିଁଦେଲେ
ବୋଝେ ଲାଜ ମାଡୁଅଛି
ତମ ଆଗେ ଛିଡ଼ା ହେବା କଥା ଭାବିଲା ବେଳକୁ
ସାରା ଅଙ୍ଗ ଝାଳରେ ବୁଡୁଛି ।

ଯିବି କି ନଯିବି ଭାବୁଭାବୁ
ହେଇ ଦେଖ, ଏରୁଂଡ଼ି ବଂଧ ମୁଁ ଟପିଗଲି
ସିଏ ମୋ' ପଣତ କାନି ଧରିଛନ୍ତି
ଦେଖ, ସଅଁପିଲି ତମକୁ ପାପୁଲି !

କାହିଁ, ତମେ କେଉଁଠି କି ?
ବାସୁଚି, ଦୟଣାମାଳ
ତମ ଚିହ୍ନ, ବର୍ଣ୍ଣ ଏଠି ଦିଶୁନାହିଁ କିଛି ।

ଆସ, ହାତ ବଢ଼ାଅ
ଓ ଆଲିଙ୍ଗନ କର ମୋତେ !
କଳାକଳା ବାଳ ମୋର, ହୋଇଯିବ ସୁନୀଳ ଆକାଶ
ଜାତିଜାତି ଫୁଲ ହୋଇ ଫୁଟିଯିବ, ମୋ' ଓଠର ହସ
ଚନ୍ଦ୍ର, ସୂର୍ଯ୍ୟ ହୋଇଯିବ, ଦୁଇଆଖି ମୋ'ର
ଅଣଚାଶ ପବନ ପାଲଟିଯିବ, ନିଃଶ୍ୱାସ ମୋହର ।

ଆସ ହାତ ବଢ଼ାଅ
ଓ ଆଲିଙ୍ଗନ କର ମୋତେ !

■

ମୁହଁଟିଏ

ଝିଅର ରଚନା ଖାତା, ଘରଣୀର
ଢୁମ୍‌ଢୁମ୍ ଚାଲି, ଗେଣ୍ଡୁଫୁଲ ବଗିଚାର
ଶିର୍‌ଶିର୍ ନୀରବତା ଉହାଡ଼ରୁ
ମୁହଁଟିଏ ଦୁଶିଯାଏ ।

ଭୋଅର୍ ଭୋଅର୍ ଗାଁ ମିଳନ ପଡ଼ିଆରେ
କଷାକଷା ଆଖିରେ କେବେ ସେ ମୋତେ
ଚାହିଁଥିଲା, ନିଶୂନ୍ ଖରାବେଳେ
ଧଳା ଫୁଲପକା ରୁମାଲଟିଏ
ବଢ଼ାଇ ଦେଇଥିଲା
ଦରପାକଲ ଇଂରାଜୀ ଅକ୍ଷରରେ
ଏବେ ବି ଜକ୍‌ଜକ୍ ଦୁଶେ
ସେଇ ରୁମାଲ୍‌ର ଶିଳାଲେଖ ।

ଭୁଣ୍ଡା ମଫସଲରେ ତା'ର ଘର ।
ଅସଜ ଟିଉବଲ୍‌ଟିଏ, ଘର ଆଗରେ
କଇଥ ଗଛର ଗାଢ଼ ଛାଇ, ଏଇଠି ସେ
ଚକର କାଟେ, ବେଳେବେଳେ
ବାଘ-ଛେଳି ଖେଳ ଖେଳୁଥାଏ ।
ନିଶାଖା ପାହାଂତି ତରା ସେପାଖେ
ରୋଜ୍‌ରୋଜ୍ ତା'ରି ମୁହଁଟି ଦୁଶିଯାଏ ।

ଗାଈ ଖୁଂଟ ବଦଳଉ ବଦଳଉ
ଖୁଂଟ ସହ ନିଜ ବୁଢ଼ା ଅଙ୍ଗୁଳିଟିକୁ
ଛେଚି ଦେଇ କଳା ବଂଦିରି ପଟି ବାଂଧେ

କୁଆଁର ପୂନେଇ ରାତିସାରା
କଇଁଫୁଲରେ ଘର କାଟେ।
ତା'ରି ନିଃଶ୍ୱାସରେ କୋଟି କୋଟି ମାଇଲ ଦୂରର
କେଉଁ ଚନ୍ଦନ ବଣ ମହକି ଯାଏ, ଧାନକ୍ଷେତ
ଫୁଲ ଉଡ଼ାଏ ।

ଯେତେ ଥର ମୁଁ ଛାଟି ଦଉଚି
ସେତେଥର ମୋ' ଆଖି ପତାରେ
ଥାପି ଦଉଚି, କଅଁଳ ଥୁଲୁଥୁଲୁ
ପାପୁଲି ତା'ର
ଗୋଟିପଣେ ଭୁଲିବା ଦୂରେ ଥାଉ
ଭୁଲି ହଉ ନାଇଁ ଛାର୍ ତିଳ ଚିହ୍ନଟିଏ
ତା' ବାଁ ଗାଲର।

ଜହ୍ନରାତି ତା'ର ଶାଢ଼ି !
ଅଂଧାର ତା'ର କେଶ, ନଈ ତା'ର ଅଳତା-ବେଢ଼
ସୂର୍ଯ୍ୟୋଦୟ ତା' କରୁଣା, ପାହାଡ଼ ତା' ଗୁମାନ
କିଏ ସେ ସେ ? ପୋଖରୀ ତୁଠ, ଗାଁ-ଦାଂଡ଼
ଓ ଘର ଅଗଣାରେ ପଡ଼ିଚି ତା'
ବଂକାବଂକା ପାହୁଲ ଚିହ୍ନ।

■

ମୋହିନୀ ରୂପରେ ଶୋଇଥିଲେ ଈଶ୍ୱର

ଆସ, ରାସ୍ତାକଡ଼ର ଗୁହ, ମୂତ, ଛିଣ୍ଡାକନା,
ପଚା ଅଣ୍ଡା ଖୋଳପାରେ ପୋତିପକାଅ ମତେ
ମନସାଧ ମେଣ୍ଟିବା ଯାଏଁ ଗୋଇଠା ମାର
ପିଚା, ପିଠି ଓ ମୋର ଖୋଲା ଛାତିକୁ,
ସବୁଠୁଁ ଚରମ ଶାସ୍ତି ଭୋଗିବା ପାଇଁ
ସଜ ହୋଇ ସାରିଚି ଆଜି !

କିଛି ଉତ୍ତରଦେବାକୁ ପ୍ରସ୍ତୁତ ନୁହେଁ ମୁଁ
ସାରା ଜୀବନ ଅରାଏ ସୂର୍ଯ୍ୟ କିରଣ ପରି
ଖୁଣ୍ଟି ଖୁଣ୍ଟି ସମ୍ଭାଦିଚି ଜାମୁକୋଳି-ମେଘ ପରି
ଲୁହ, ସାରାରାତି, ସାରାଦିନ ଚବିଶ ଘଣ୍ଟା
କାନ୍ଦିବା ପାଇଁ ସଜ ହୋଇ ସାରିଚି ଆଜି ।

ଘରେ ଦୂର୍‌ଦୂର୍ ଖିନ୍‌ଖିନ୍ କରୁଥିବା
ସ୍ତ୍ରୀ ଶୋଇଥାଉ, ଉଠାଅ ନାହିଁ !
ଖେଳନା ପାଇଁ, ମୁଢ଼ିପାଇଁ ଅଝଟ କରି
ଧୂଳି, ଅପନ୍ତରାରେ ଗଡ଼ିଯାଇଥାଉ ପୁଅ
ହଲାଅ ନାହିଁ । ସବୁ ଚିଠି ଫେରିଯାଉ
ସୁଦୂର ଗାଁରୁ ଆସୁଥିବା ସ୍କୁଲବେଳ ପ୍ରେମିକାର
କୁହ, ମୋ' ପରି କେହି ଲୋକ ଏଠି ନାହିଁ ।

ଲାଞ୍ଚଖୋର୍ ଡାକ୍ତର, ଧପ୍‌ପାବାଜ୍ ସରକାର
ଓଲେଇ ସ୍ତ୍ରୀ, ପ୍ରତାରକ ବନ୍ଧୁ, ଆଗତକୁହା ସାମ୍ବାଦିକ
ବନ୍ଧ୍ୟା ଆକାଶ, ନପୁଂସକ ଜହ୍ନ, ସବାଖାଇ ମାଟି...
...ତମକୁ ମୋର ବିଶ୍ୱାସ ନାହିଁ ।

ତାଳଦଣ୍ଡା କେନାଲ କୂଳରେ, ଏକ ଝୁମ୍ପୁଡ଼ି ଘରେ
ମୋହିନୀ ରୂପରେ ଶୋଇଥିଲେ ଈଶ୍ୱର
(ଯୁବାକାଳ ବହିଗଲା ବିଅର୍ଥରେ ?)
ଧିକଧିକ ବୁଝିଲି ନାହିଁ !

ଚଇତ-ରାତିର କଅଁଳ ଜହ୍ନପରି ହାତରେ
ପିନ୍ଧିଲା ବସନ ମୋର ଖୋଲିଦେଲେ
ନିଜ ଅଙ୍ଗୁ ଶସ୍ତା ଛିଟ ଶାଢ଼ି, ଦରଛିଣ୍ଡା
ଶାୟା ଖୋଲୁଖୋଲୁ
ଥମ୍‌ଥମ୍ ମୁହଁକୁ ନଚାଇ କହୁଥିଲେ
ବଡ଼ ଦୁଃଖରେ ଚଳୁଚି ହୃଷୀକେଶ, ଦାନା ନାହିଁ ଘରେ
ମଳା ଡଙ୍କରେ ଝୁଲୁଥିବା ଶୁକୁଟା
କୁଆମଇତା ପରି ଉପସ୍ଥ ମୋର
ହାତରେ ଧରି ଓଦା-ଜରାୟୁରେ ଥାପିଦେଲେ
କଳା-ଦୁଦୁରା ପରି କାତିଛଡ଼ା ହାତକୁ ମୋର
ଜଡ଼େଇ ଦେଲେ ପଦ୍ମକଢ଼ି ପରି ଉଚୁକା -ଥନରେ ।
ଶ୍ୟାମଳ ଦୁବ ପରି ଘଟଣ-ଗାଲକୁ ମୁହିଁଦେଲେ
କାଳକାଳରୁ ତୃଷାର୍ତ୍ତ ମୋ' ଛେଉଣ୍ଡ ଓଠରେ
କୋଟିକୋଟି ଜନ୍ମ ମୋର ବିତିଗଲା କେତେବେଳେ !
ଉଠିଲି ମୁଁ କାହାର ଡାକରେ !

ଆସ, ଏବେ ମାନିଗଲି ଦୋଷ
ଫୁଙ୍ଗୁଳା ପିଠିକୁ ମୋର ମନ ଇଛା ଚାବୁକ୍‌ମାର
'କାମାସକ୍ତ ମୁଁ ମହିଷାସୁର'
କାନରେ ଖୋସିଚି, ସେ ଦେଇଥିବା
ଶସ୍ତା ଅତରର ତୁଳା
ଛାତିରେ ମାଖିଚି, ସେ ପିନ୍ଧିଥିବା ମଥାର-ସିନ୍ଦୂର
ଜଗତଯାକର ଶ୍ରଦ୍ଧା ଅଙ୍ଗରେ ଦେଇଚି ଖଞ୍ଜି
ସବୁଠୁଁ ଚରମ ଶାସ୍ତି ଭୋଗିବା ପାଇଁ
ସଜହେଇ ସାରିଚି ଆଜି । ■

ବିମଳା ଖାଲ୍‌ସା

ଯେତେ ବୁଝାଇଲେ ବି ଛାଡ଼ିଲ ନାହିଁ
ସେଇ ଗୋଟିଏ ଝୁଂକ
ଆକଟିବା ଠାରୁ ଆଉ କ'ଣ ଯେ କରନ୍ତି
ମୁଁ ମାଇପି ଲୋକ !
କୁହ, କେଉଁଥିରେ ମୁଁ ଊଣା କରିଚି ତମକୁ,
କିଛି ନ କଲେ ତ
ଦୀପଟିଏ ଜାଳିଚି ତମ ପାଇଁ, ଗ୍ରନ୍ଥ ସାହେବ ପାଖରେ
ପାତି ଦେଇଚି କେଲୁଣିକୁ ହାତ
ତମେ ଦୁର୍ଘାୟୁ ହୁଅ, ଏଇ ଇଛାରେ ।

ଭଅଁର ଗୋଡ଼େଇ ହେଇଚି
ବାରମ୍ବାର ମୁହଁରେ
ନାଇଁ କରିଚି, ମୁଁ ଫୁଲ ନୁହେଁ
ନାଚିବନାଚିବ ହଉଥିଲା ଥରେ ମୟୂର, ବୁଝିଗଲା
ଏ ମୋ' ଖୋଲାବାଳ, ମେଘ ନୁହେଁ ।

ଯାହାକୁ ଦେଖିବ ବୋଲି
ରାତି ନ ପାହୁଣୁ ଉଇଁ ଆସୁଥିଲା କୁଆଁତରା
ବୁଝ, ତାକୁ ଆଜି କୋଉଥି ପାଇଁ
ଛି' କରିଦେଲେ ଭାରତସାରା !
ଶୁଣିବ, କ'ଣ ହେଲା ଦିନେ !
ପୁଅ ଯାଇ ଠିଆ ହେଲାଣି, ଚଳଂତା ଟ୍ରକ୍ ଆଗରେ
ଚାହିଁଚଂତି ପଡ଼ିଶା ଲୋକେ
ଉଁ କି ଚୁଁ ପଶିଲା ନାହିଁ, କାହା ପାଟିରେ ।
ପିଟିଲି ଖୁଁ' କଂକାଳେ ପୁଅକୁ

କାନ୍ଦିଲି ସାରା ରାତି ଏଇ ଚିଂତାରେ ଯେ,
କ'ଣ କରିଥାଂତି ମୁଁ ଦୁଖୀ, ଯଦି
ଚେତା ବୁଡ଼ିଯାଇଥାଂତା ସଂଖାଳିର, ସେଇ ମାଡ଼ରେ !

ଭାବୁଚି, ଆଜି କ'ଣ ପାଇଁ
ନିଆଁ ନାଗିଗଲା,
ଚଂଦନ ପରି ମହକୁଥିବା ମୋ' କପାଳରେ
ତମେ ବୁଝିଲ ନାହିଁ,
ତମକୁ ତକେଇତକେଇ କାହିଁକି ମୋର
ପାହି ଯାଉଥିଲା, ରାତିରାତି
ସେମିତି, ସେଇ ଚୁଲ୍ଲି ମୁଂଡ଼ରେ !

ଯେତେ ବୁଝାଇଲେ ବି ଛାଡ଼ିଲ ନାହିଁ
ସେଇ ଗୋଟିଏ ଝୁଂକ
ଆକଟିବା ଠାରୁ କ'ଣ ଯେ କରଂତି
ମୁଁ ମାଇପି ଲୋକ !

■

ନଈତୁଠ

ରେ ନଈତୁଠ !
ଖାଲି ତୋ'ରି ଡୋରି ଲାଗିଗଲେ
ଆଉ କିଏ ସମାଳଇ ମୋତେ !
ଭାତ ଥାଳି ଧରି ବିରକ୍ତ ହେଉଥିବା ଗେରସ୍ତ
ବରବରି ନଣଂଦ ଓ ଛେଚି କୁଟେଇ ହେଉଥିବା ଶାଶୁକୁ
ମୋର କୋଉ ଦକା ଥାଏ !
ରେ ନଈତୁଠ !
ଖାଲି ତୋ'ରି ଡୋରି ଲାଗିଗଲେ
ଆଉ କିଏ ସମାଳଇ ମୋତେ !

ନଈ ! ମୁଁ ତୋରି ପରି ଫିଟି ପଡ଼ିଲେ ଲଟେଇ ଯାଏ
ନଈ ! ମୁଁ ତୋରି ପରି ବନ୍ଧେଇ ଦେଲେ ଡେଇଁଯାଏ

ରେ ନଈ ତୁଠ !
ତୋ'ରି ବାଲିରେ ପା' ଥାପିଲେ, ଖୁଜୁବୁଜିଆ ଢେଉ ତୋ'ର
ମୋ'ଗୋଡ଼ରୁ ଖୋଲିନିଏ ଆଂବକଷିଆ ସରୁ ପାଉଁଜ
ଅଦୃଶ୍ୟ ପବନ ଉଡ଼ାଇନିଏ ମୋର ପିନ୍ଧା ବାସ
ଓ ମୋ' ଗୋଡ଼ରୁ ମୁଣ୍ଡଯାଏ
କିଏ ପିଟିଦିଏ ପୁଲକର କଦଂବ-ପିରିଖ !

ଖନିତ୍ର ଧରି ସିଂଧୁ କରୁଥିବା ଖଳ୍ୟକାର ପରି, ମୋ' ଶୋଇବା ଘରକୁ
ତୁ' ଯାତାୟତ କରୁଥିବା ମୁଁ ଜାଣେ
ମୋ'ରି ଖଟ-ଖୁରାରେ ଲଟେଇ ଯାଇ
ତୋ' ଶ୍ୟାମଳ ଥୁଂଟରେ ମୋ' ପାହୁଲକୁ
କୁତୁକୁତୁ କରିବା, ମୁଁ ଜାଣେ

ନିଝାଡ଼ ଖରାବେଳେ, ନିଶାର୍ଦ୍ଧ ରାତିରେ
ତୁ' ମୋତେ ଚିହାଉ ଥାଉ, ଉସୁକାଉ
ଜାଣେରେ ଜାଣେ ।

ପିଠିରେ ଫେରିମୁଣି ପକେଇ ଫେରି କରୁଥିବା
ଫେରିବାଲାର ନରମ ଡାକରେ
ତୋ'ରି ସ୍ୱର ଶୁଭିଯାଏରେ ନଈତୁଠ !
ସାପୁଆ କେଳାର ନାଗେଶ୍ୱରୀ ବାଦ୍ୟରେ
ତୋ'ରି ନାଟୁଆ ଛଇ ଦୃଶିଯାଏରେ ନଈତୁଠ !

ଖାଲି ଡୋରି ତୋର ଲାଗିଗଲେ
ଯତନରେ ଜୁଡ଼ା ବାଂଧି ଏରୁଂଡ଼ି ବଂଧରେ
ନିଶାଖା ଚଢ଼େଇ ପରି ଚାହିଁଥାଏ ଶୂନ୍ୟ ସଡ଼କକୁ
ବହୁବେଳ ବାକିଥାଏ ଆସିବାକୁ କଳା-ମଲ୍ଲୀ-ରାତି
ପ୍ରିୟତମ ଧନୀପୁତ୍ର ମୋର !
(ଦଂଡ଼ଟିଏ ପ୍ରତୀକ୍ଷାରେ ବିତିଯାଏ
ସତ୍ୟ, ତ୍ରେତା, ଦ୍ୱାପର ଓ କଳି
ଦଣ୍ଡଟିଏ ପ୍ରତୀକ୍ଷାରେ ବିତିଯାଏ ସବୁ ଜନ୍ମ, ସବୁ ମୃତ୍ୟୁ,
ଲୁଚିଯାଏ ସମସ୍ତ ଗହଳି)
ଖାଲି ଡୋରି ତୋ'ର ଲାଗିଗଲେ
ପୂର୍ଣ୍ଣ କଳସୀରୁ ମୋର ଶୁଖିଆସେ ପାଣି
କି ଶ୍ୟାମଳ ଶୂନ୍ୟତାର ମୁରଲୀ ବାଉରେ ନଈତୁଠ !
ଥରି ଉଠେ ମେଖଳା-କିଂକଣୀ ।

■

କାନନରେ କୃଷ୍ଣ ବିଳଂବିତ

କୁହ ! ପତ୍ରମାନେ ଆଜି ଥରୁଛନ୍ତି କାହିଁକି ସୁଜନେ ?
କାହିଁକି ଯାଉଛି ଆଜି ମନ ଛାଡ଼ି ପ୍ରିୟଜନମାନଙ୍କଠୁଁ
କାହିଁକି ମୋ' ଗାଈ-ଗୋଠ ତଟସ୍ଥ ଓ ଆଚଂବିତ
କୁହ, କେଉଁଠୁ ଶୁଭୁଚି ଡାକ (ବୋଉ ଡାକ) ?
ନଈ, ଜହ୍ନରାତି ଏବଂ ଫୁଲଗଛ କରି ପୁଲକିତ ?

କ୍ରମଶଃ ଲାଗଇ ଥଂଡ଼ା ପବନ
ଓ ଗ୍ରାମଦେଶ ହୁଏ ଜନଶୂନ୍ୟ
କ୍ରମଶଃ ଯାଆନ୍ତି ଲିଭି ତାରାମାନେ ଆକାଶରୁ
ବଂଦ ହୁଏ ସୂର୍ଯ୍ୟଙ୍କର ଅସ୍ତ ଓ ଉଦୟ ।

ଜାଣେ, ତୁ' ଆଉଁଶି ଦେଲେ
ବା ଚୁଂବନ ଦେଲେ କପାଳକୁ ମୋର
ମେଘ କରେ କ୍ଷୀର ବୃଷ୍ଟି, ଭରିଯାଏ ନଦୀ ଓ ସାଗର
ଜାଣେ ତୁ' ଆଉଁଶି ଦେଲେ ପାହୁଲକୁ ମୋର
ଅପ୍ରମିତ ଭୋକ, ଶୋଷ ଦୂରହୁଏ
ଅନାହାରେ ଶଢୁଥିବା ଲୋକମାନଙ୍କର ।

ଯେଣୁ ମୁଁ ମୂର୍ଖ ଏବଂ ଗାଈ ଜଗୁଜଗୁ
ବନସ୍ତରେ ବିତିଗଲା ଦିନ; ତେଣୁ
କଳିପାରେ ନାହିଁ ତୋ' ଶ୍ରଦ୍ଧା ଓ କରୁଣାକୁ
ଯାହା ପବନରେ ଭାସୁଥାଏ
ବାସ୍ନା ହୋଇ ଶେଫାଳୀ ଫୁଲର ।

ଯାଉଚି, ଯାଉଚି ବୋଉ: ଦୂର ବାଟ, ଯାଉଚି ଯାଉଚି
ନିକାଂଚନ ଝରଣା ଓ ଚଢ଼େଇଙ୍କ ଡୋରି କାଟି ଯାଉଚି ଯାଉଚି ।
ଚଉପାଶ ଘେର କାଟି ବେଢ଼ିଥିବା
ଓ ବାଟ ଓଗାଳୁଥିବା ଲୋକଙ୍କର ଭିଡ଼ ଠେଲି ଯାଉଚି ଯାଉଚି
ମିଛ ଚୁଲି, ମିଛ ହାଣ୍ଡି, ମିଛ ଘର ଭାଙ୍ଗିଭାଙ୍ଗି ଯାଉଚି ଯାଉଚି ।
ମୁଁ ଆସିବା ପରଠାରୁ ବୋଉ !
ତୁ' ଗାଉଛୁ ଗୀତ, 'କାନନରେ କୃଷ୍ଣ ବିଳଂବିତ'
ଶୁଭୁଚି, ଶୁଭୁଚି ।

■

ମୋ ଶେଯ କଡ଼ରେ ବସି

ବାର, କେମିତି ଗଲାଣି ପଡ଼ି କଳାକଳା ଶିର
ମୋର ହାତ, ଗୋଡ଼, କପାଳରେ ।
ଖୋଲାଖୋଲା ହୋଇ ପଶି ଗଲାଣି
ମୋ' ଆଖି,
ଝିମିଝିମି ଲାଗେ ଦେହ, ଯେମିତି
ଗଲାଣି ବିତି ଉପାସରେ କେତେ ଦିନ
ଯେମିତି ମୁଁ ରହିଲିଣି କ୍ରମାଗତ
ବହୁଦିନ, ରାତି ଉଜାଗର !

ମୋ' ଘର ପଡ଼ିଶା ଓ ଜଣାଶୁଣା
ଲୋକଙ୍କୁ ଦେଖିଲେ
ଶିଙ୍ଗିଶିଙ୍ଗି ଲାଗେ ମୋତେ
କଅଁଳ ବଚନ ମାନ, କଂଟକଂଟ
ଜଣାଯାଏ, କଡ଼ ଫେରାଇବି କିପରି ମୁଁ କୁହ !
ଗହନେ ମୋ' ଶିରୀ ଦେଖି ନପାରିବା
ଲୋକଙ୍କର ଚଉଦିଗେ ଭିଡ଼ !

ସପନରେ କୁଇ ହେଇ କାନ୍ଦୁଛି ମୁଁ
ଏପରିଯେ, ଭାଙ୍ଗି ଯାଉଅଛି
ଘର ଲୋକଙ୍କର ନିଦ ।
ପଣତରେ ଲୁହ ପୋଛି ଦେଲେ ମୋ' ବାଉଳି ଲକ୍ଷ୍ମୀ
ଜାଣେନି କାହିଁକି ଉଠେ ବେଶୀବେଶୀ କ୍ରୋଧ !
ତୋ'ଦୋ' ଚିହ୍ନା ମୁହଁଟିଏ
କେଉଁଠି କେମିତି ମୋର ଭେଟ ପଡ଼ିଯାଏ ।

ରକ୍ତ ପଶିଗଲା ପରି ଲାଗେ ପଞ୍ଜରାରେ
କେମିତି ଚିହ୍ନିବ ମୋତେ କେଉଁପରି କିଏ ?
କାହିଁ କେତେ ଜନ୍ମ ତଳେ ମୋ' ଶେଯ
କଡ଼ରେ ବସି କାନ୍ଦୁଥିବା ଲୋକ ଦେଖ,
ମୁହଁ ହାଣିଦେଇ ବାଟେବାଟେ ଚାଲିଯାଏ !

ବାର, କେମିତି ଗଲାଣି ପଡ଼ି କଳାକଳା ଶିର
ମୋର ହାତ, ଗୋଡ଼ କପାଳରେ ।
ଖୋଲାଖୋଲା ହୋଇ ପଶିଗଲାଣି ମୋ' ଆଖି ।

■

ଉର୍ମିଳା

କିଏ ମନା କରିଦବ ଦିଅ, ଆଷାଢ଼ର କଷି ମେଘ
ମୋ' ଘର ମଥାନ ଦେଇ ଭାସିଯିବ ନାହିଁ
କିଏ ମନା କରିଦବ ଦିଅ, ମୋ' ବାଡ଼ିରେ ଜହ୍ନିଫୁଲ
ତରାସିବ ନାହିଁ ।

ଶେଯ ନଛାଡୁଣୁ ଶାଶୁ ବୁଢ଼ୀ ଖଂଜିଦିଏ
ପାଣିଲୋଟା, ଦାଂତକାଠି
ଚାକରାଣୀ ତୋଳିଦିଏ, ଟଗର ଗଛରୁ ଫୁଲ
ପବନ ଆଣଇ ବୋହି ମୋ' ପିଛିଲା ଦିନଂକର
ମଧୁର ସଂଦେଶ;
ତଥାପି ଏ ଘର ଲାଗେ ମିତଣୀରେ ! ବିଦେଶ, ବିଦେଶ ।

ଉତୁରିଲା କ୍ଷୀର ପରି
ମୋ' ଛାତି ଭିତରେ କିଏ ପଡୁଚି ଉଛୁଳି
କେଉଁ ଅଳସରେ ଆଖି ମୋ' ଆସଇ ବୁଜି
ପାଦ କିଳା ଯାଉଚି ହୁଗୁଳି ।

ଚଉଦ ବରଷ ତଳେ, ରୋପିଲି ମୁଁ ଗଛଟିଏ ମିତଣୀରେ !
: ଫୁଲଟେ ଧଇଲା ନାହିଁ
ଚଉଦ ବରଷ ତଳେ, ରୋପିଲି ମୁଁ ଗଛଟିଏ
: ଚଢ଼େଇଟେ ବସା କଲାନାହିଁ ।
ସଂଜବେଳେ,
କିଆ ବଣ କଡ଼େକଡ଼େ କିଏ ଦୁଶିଯାଏ !
ଝାଉଁଗଛ କପାଳରୁ ଡଂକିମାରେ ସରୁ ହସଟିଏ !

ହୃଷୀକେଶ ମଲ୍ଲିକ ● ୫୮

ଝାଂକାରିଆ ଧାନବିଲ ଛୁଇଁ
କାହାର ଅତର ବାସ୍ନା ମହକାଏ ମୋତେ
ପରିହାସ କଲାପରି କିଏ ଜଣେ ଅହରହ
କୁତୁକୁତୁ କରେ
ଚାଉଁଚାଉଁ ଲାଗେ ଦେହ, ଉଜାଗରେ ସାରା ରାତି ବିତେ ।

ଆଇନାରେ ଆଉ ଆଗ ପରି
ମୋର ଛବି ଦିଶେ ନାହିଁ
ନିଜ ପ୍ରତିଛବି ଚାହିଁଥାଏ ଅବାକରେ ମୋତେ
ଆଉ କେଉଁ ପରିଚିତ
ଓ ପାଶୋରି ଦେଇଥିବା ଛବିଟିଏ ହୋଇ ।
ଟୁଲୁଟୁଲୁ ଶିଶିର ବିଂଦୁରେ
ଜିକିଜିକି ତାରା ଆଲୁଅରେ
କିଏ ସେ ଟହଲୁଥାଏ
ବାରବାଂର ହାତ ବଢ଼ାଇବା ସତ୍ତ୍ୱେ
ଓଢ଼ଣିଟି ଯାର ଖସି ଯାଉଥାଏ ।

ଡାକଟିଏ ଶୁଭିଯାଏ କେଉଁ ଅରଣ୍ୟରୁ
ବେଳେବେଳେ
ନିଘା ନଥାଏ ଯେ, ଫିଟି ପଡ଼ିଅଛି
ଆଜାନୁ ଲମ୍ବିତ କେଶ
ନିଘା ନଥାଏ ଯେ, ଭୂଇଁରେ ଲୋଟୁଚି ମୋର
ନିଜ ପିନ୍ଧା-ବାସ
ଡେଇଁଡ଼େଇଁ ଶାଂତ ଓ ଶୀତଳ କେତେ
ଘାସର ପଡ଼ିଆ
ଡେଇଁଡ଼େଇଁ କେତେ ଜନ୍ମ, କେତେ ମୃତ୍ୟୁ
ଅକ୍ଷାଂଶ, ଦ୍ରାଘିମା
କି ପବିତ୍ର ରାଗିଣୀ ସେ !
ଉଦ୍‌ବେଳିତ କରୁଥାଏ ହୃଦ
ଘରେ ଓ ବାହାରେ ମୋର
ବାର ବାର
: ଚଂପା ଫୁଲ ଗଂଧ ।

ମିତଣୀରେ ! ଆଖି ଖୋଲାଥିଲେ ଗଛବୃଛ
ନଈ, ନାଳ ପରି ଯେଉଁମାନେ ଦୁଶୁଥାଂତି
ପତା ପଡ଼ିଗଲେ ସେମାନେ କାହାଂତି ?
ଚକିତ କ୍ଷୀରାବ୍‌ଧିଟିଏ ଛୁଉଁଥାଏ ନୀଳ ଏକ
ପାହାଡ଼ର ପାଦ
କି ବିଚିତ୍ର ଅନୁଭୂତି: ତନୁ ହୋଇ ଆସେ କ୍ଷୀଣ
ଆତ୍ମା ହୁଏ କ୍ରମଶଃ ପ୍ରଲୁବ୍ଧ !

ଜହ୍ନରୁ ଆସଇ ଲଂବି ହାତମାନ
ତାଂକ ହାତ ପରି
ବାଜୁଚି ମୋହନ ହୋଇ ଚରାଚର
ତାଂକରି ସୁସୁରି
ଆଖିରୁ ଝରଇ ଲୁହ, ଧାରଧାର
ମୋ' ଦେହର ଗୋପନୀୟ ବସ୍ତିମାନଂକରେ
ଘୋଟିଆସେ ତମାଳ ଅଂଧାର
ବିରହରେ କି ନିବିଡ଼ ଆଲିଙ୍ଗନ ମିତଣୀରେ !
ଲୋମ କୂପ ଉଠୁଚି ପୁଲକି
'ଏଇ ମୋ' ପ୍ରିୟ ଲକ୍ଷ୍ମଣ ପ୍ରବାସରେ'
ଯାହା ପାଇଁ ଅନୁକ୍ଷଣ ଛାତି ଉଠେ ଦୁଲୁକି ଦୁଲୁକି ।

କିଏ ମନା କରିଦବ ଦିଅ, ଆଷାଢ଼ର କଷି ମେଘ
ମୋ' ଘର ମଥାନ ଦେଇ ଭାସିଯିବ ନାହିଁ
କିଏ ମନା କରିଦବ ଦିଅ, ମୋ' ବାଡ଼ିରେ ଜହ୍ନିଫୁଲ
ତରାସିବ ନାହିଁ ।
ଅନୁପସ୍ଥିତିରେ ଯା'ର ଚିର ଉପସ୍ଥିତି
ଅରଣ୍ୟରୁ ଅନ୍ତଃପୁର ଉଚ୍ଚାଟ କରୁଚି
କିଏ ଦବ ଦିଅ ତାଂକ ନିରବିତ
ପାଦଶବ୍ଦ ରୋକି ?

■

ପାହିଆସୁଥାଏ ରାତି

ଘିଅ ସଳିତାଟିଏ ଧରି
ଚଉଁରା ମୂଳେ ନଇଁପଡୁଥିବା ବିନୀତା ବୋଉଟି ପରି
ସେତେବେଳେ ଦୁଶେ ଗାଁ ଗଣ୍ଡା
ଚଢ଼େଇଙ୍କ ସୁଧାର ଡାକର କାନି ଘୋଡ଼ି
ଶୋଇଥାଏ ଖୁଂଟି ନଡ଼ା ବିଲ ହିଡ଼
ଆବର ସୁନ୍ଦର ଦୁଶେ ଚରାଚର
ଯାହାକୁ କି ରଚିଥାନ୍ତି ପରମ ଈଶ୍ୱର !

ଚିହ୍ନା ପାପୁଲିଟେ ହୋଇ ଜହ୍ନ ଲଂବି ଆସେ
ଘୋଡ଼ାଚଢ଼ା ମେଘଂକର ଛାଉଣିରୁ
ଏମିତି ବେକୁବ୍ ନୁହେଁ ଯେ କବି,
ବୁଝିପାରେ ନାହିଁ ।
ପାପୁଲିଟି ଧବଳ ବରଣ ସୁଜନେ ହୋ !
(କ'ଣ ନୁହେଁ ଧଳା
ବାଟ ଓଷା କରିଥିବା ଓଷେଇତି
ଓଢ଼ଣାଟି ଧଳା : କ'ଣ ନୁହେଁ ଧଳା !
ବାଡ଼ିର ଟଗର ଧଳା: ମେଘ ଛୁଇଁ ଉଡୁଥିବା
ବଗର ଡେଣାଟି ଧଳା,
କ'ଣ ନୁହେଁ ଧଳା !
ମାଇଲ ମାଇଲ ଡେଇଁ କଲିଜା ଆଉଁଶୁଥିବା
ଦୂରଦେଶୀ ଝିଅଟିର କଉତୁକ ଧଳା)
ପାପୁଲି ବୋଇଲେ ଜହ୍ନ, ପାପୁଲି ଯଶୋଦା
ପାପୁଲିଟି ଧବଳ ବରଣ, ସୁଜନେ ହୋ !

ପତ୍ରକୁ ଚିକ୍‌କଣ କରେ କିଏ ସେତେବେଳେ !
ଗୋଡ଼ ଓହଳେଇ ଆକାଶରୁ କିଏ ବସିଥାଏ !
ମଝିବିଲ ଅନ୍ଧାରରେ କାହା ଆଖି ତରା ହେଇ ଉଏଁ !
ଗମା ପୂନେଇଁରେ ବଳଦକୁ ଘାସ ମୋହୁଁଥିବା
ଚଷାପୁଅ ଠାରୁ ବଡ଼ ପ୍ରଭୁ ଅଛି କିଏ ?
(ପଛକଥା, ହଁ ଗଲାକଥା ଖାଲି ମନେପଡ଼େ ସେତେବେଳେ)

: ବୟସ ବଢ଼ିବା ସଂଗେ ପୃଥିବୀର ନାନାକଥା
ମନା ହେଲା ମୋତେ, ଯେପରି କି
ବୋଉ ମନାକଲା, ଖରାବେଳେ ଦାଣ୍ଡରେ ବୁଲିବୁ ନାହିଁ
ଭାଉଜ ଶୋଇଲା ସଂଜବେଳୁ ମୁହଁ ମାଡ଼ି ଚୁଲି ଲଗାଇଲା ନାହିଁ
ସାଙ୍ଗସାଥୀମାନେ ଘରକରଣାରେ ମାତି
ଜମା ଚିଠି ଦେଲେ ନାହିଁ ।
ପାହାଂତାରେ ମଝିବିଲେ ବସିଥିବା
ଏକଲା କବିର ଦୁଃଖ, ଅପ୍ରମିତ : ଅପ୍ରମିତ ବଡ଼
ଶବ୍ଦର ନାଗରୀମାନେ ଦଗାଦିଆ
କୁଆଡ଼େ ଯାଆଂତି ଚାଲି ବେଳେବେଳେ
ଖାଲିକରି ନିରୀହ ଉଷୁମ କୋଡ଼ ।

ଏ ଉତ୍ତାରେ ସକାଳ ହୁଂଅତେ ମହାବାହୁ
ହେତୁ ହୁଏ, ତମେ ଆସିଥିଲ
ତମେ ଆସ ପାହାଂତାରେ ଗୁମୁସୁମୁ ନିରବତା ହେଇ
କଟାଧାନ କିଆରିର ଚେର ଦୋହଲାଇ
ତମେ ଆସ ସେତେବେଳେ ଏପରି ଯେ
ଯେପରି କି କେହି ଆସିନାହିଁ ।

■

ନଈ କୂଳରେ ଏକାଏକା

ରେ ପୁତ୍ରମଣି ! ଝାପ୍‌ସା ଝାପ୍‌ସା ଦୂର କିଆବଣ, ସ୍ଥିର ପବନରେ ପଠାଉଛି
ଆଜି ଅକଳନ୍ତି ଭୟ ! ବହୁଦିନ ତଳୁ ପାଶୋରି ଦେଇଥିବା
ପ୍ରିୟତମା ଝିଅଟିଏ ଯେମିତି ପଠାଇଛି
କେତକୀ ପତ୍ରରେ ମୁଦା ଚିଠିଟିଏ ।

ବୁଝୁଚି: ମୃତ୍ୟୁର ରୋମାଞ୍ଚ ବେଶି ପ୍ରେମର ରୋମାଞ୍ଚଠାରୁ
ବୁଝୁଚି: ଦୁଃଖର ଆହ୍ଲାଦ ବେଶି ସୁଖର କାରୁଣ୍ୟଠାରୁ

ରେ ପୁତ୍ରମଣି !
ଏଇ ମୋର ପା' ଛୁଇଁ ଯେଉଁ ନଈ ଯାଉଅଛି ବହି
ବହଳ ନିମତେଲର ଚିକିଟା ଗନ୍ଧରେ ସାଦାସିଧା ବୁଢ଼ାଟିଏ
ବାରମ୍ବାର ଅସ୍ତଯାଇ ପୁଣି ଉଠେ ଉଇଁ
ରେ ପୁତ୍ରମଣି ! ଇଏ ତୋର ଜେଜେବାପା
ଆଷାଢ଼ରେ ମେଘ ହୋଇ ଚଉଦିଗ ଯିଏ ଥମଥମ କରେ
ଫଗୁଣରେ ହାଲ୍‌କା ବାସ୍ନାଟିଏ ହୋଇ
ଏ ଗାଁରୁ ଆର ଗାଁ ଯାଉଥାଏ ଉଡ଼ି ।

ରେ ପୁତ୍ରମଣି !
ଜାଣିନୁ ତୁ କଅଁଳ ଜାମୁ ପତ୍ରର ଗହଳିରେ ମୁଁ ମୋହର
ଖେଳୁଆଡ଼ ଦିନ କିଛି ଦେଇଛି ହଜେଇ
ଜାଣିନୁ ତୁ, ତୋ' ବୋଉର କୁତୂହଳୀ ଉଚ୍ଚାଟ ଅରଣ୍ୟେ
କେତେ ବେଶୀ ଆୟୁଷ ମୁଁ ଦେଇଛି ବିତାଇ

ରେ ପୁତ୍ରମଣି !
ପଚାରନ୍ତି : (କେହିନାହିଁ) ଏଇ ନଈ ବାହାରିଛି କେଉଁ ଅରଣ୍ୟରୁ
ପଚାରନ୍ତି : (କେହିନାହିଁ) ମୋ' ଭିତରେ କେଉଁ ନଈ କରେ
ମୋତେ ବାଇ ?

ରେ ପୁତ୍ରମଣି !
ନଈକୂଳ ସଜନା ଡାଳରେ ହେଇ ଏକାଟିଆ କାଉ
ନେ' ମୋତେ ନାଉକରି, ବୋଉର ପ୍ରେତାତ୍ମା ମୋତେ
ଆଣୁଛି ଗୋଡ଼ାଇ । ଠକ୍‌ଠକ୍ କାହାର କଠଉ ଶବ୍ଦ !
କାଳେ ହେଇଥିବ କେଉଁ ଛୁଆଧରା !
ଯାହା ଡରେ ବିତାଇଛି କେତେ ଖରାବେଳ
ବିଛଣାରେ ଜାକିଜୁକି ହୋଇ ।
ମାଆଲୋ ! ନେ' ମୋ' ଗାମୁଛା ନେ', ପୋଛି ଦେ' ଆଖିପତା
ତୋ' ପେଡ଼ିରେ ସାଇତା ଘୋରାଘୋରା
ଦ୍ବିତୀୟା ଚନ୍ଦରଟିଏ ପୁଅ ତୋର ।
ନଈକୁ ଦେଲାଣି କଥା: ନଈକୁ, ନଈକୁ ।

ରେ ପୁତ୍ରମଣି !
ଆ' ଅନ୍ଧର ଲଉଡ଼ି ମୋର, ହୃଦରତ୍ନହାରା
ଆ, ଆ, ଡେଇଁ ଡେଇଁ ଅନାଗତ ସମୟ ଓ ସମୁଦ୍ରକୁ
ଆ' ମୋର ସନ୍ତାପିତ ପିତୃତ୍ୱର
ବକଟେ କଅଁଳ ଛାଇ
ମୋ' ବଳକା ଦିନମାନଙ୍କର ଅନୁଗତ ନାଉରିଆ
ମେଲି ଦେ' ତୋ' କୋଟିକମ ବିଚିତ୍ର-ନଉକା ।

■

ଉସ୍ମାନତାରା

ତୋ'ର କିଏ ଅଛି, କେହି ନାହିଁ ।
ତୋତେଇ ଶେଷରେ ପିଠି କରି
ସଭିଏଁ ଫେରନ୍ତି
ଏକଗୋଡ଼ିଆ ଖେଳ ଖେଳୁଥିବା
ଠିଆ ନଙ୍ଗଳା ଛୁଆ
କାକର-ଥୋପା ଧାନକେଣ୍ଡାର ସ୍ୱପ୍ନରେ
ଅଧା-ଢୁଳା ରଇତ
ସିଂଦୂରା ଫାଟିବା ଆଗୁଁ ଝ'ଟ ଝ'ଟ
ପାହୁଲ ଥାପି ନେଉଟୁଥିବା
ଘର-ଦକସା ଝିଅ ।
ତୁ' ସାରାକାଳ ଏକାଏକା
ତୋର କିଏ ଅଛି, କେହିନାହିଁ ।

ଘୁଣଖିଆ ବାଉଁଶ, ଅସନା ମାଟି
ଓ ରସା ନଡ଼ାରେ ତିଆରି
ତୋ' ଝୁଂପୁଡ଼ି ଘର ।
ବହଳ ଅନ୍ଧାର-ଚଅଁରେଇ
ମଂଜ ଫିଟି ଆସୁଥିବା ଜହ୍ନ
ତୋ'ରି ଠୁଁ ହସ ଶିଖେ
ତୋ'ରି ପାଇଁ କାନରେ ଅତର-ତୁଳା ଖୋସି
ଫୁଲ ଗଛ ଉତଳା ହୁଏ ।

ଆକାଶ, ବସୁଧା, ସୂର୍ଯ୍ୟ, ତାରା
କଂକି ଓ ଚଢ଼େଇଙ୍କ ଆଗରୁ ତୋ'ରି ଜନ୍ମ ।
କେଉଁ ଛାଇଛାଇଆ ପାହାଡ଼ ଉପରୁ
ଗୋଡ଼ ଝୁଲେଇ ବସିଥିବା ଶଅରୀ ତୁ' !

ତୋ'ରି ନିଃଶବ୍ଦ ଡାକର ମାୟାରେ
ବାଉଳି ଚାଉଳି ହୋଇ କେଉଁ ମନେ ନଥିବା ପାହାନ୍ତିରୁ
ମୁଁ ତୋ'ରି ଆଡ଼କୁ ଧପଟି ଥାଏଁ ।
ବୁଣା-କ୍ଷେତର ଶୂଳାରେ, ବଂଇଚ କଣ୍ଟାରେ
ଝରିଚି ନହୁ; ଦରଜ ଯାଇନି ଗୋଇଠିରୁ
ଲାଖି ରହିଚି ତାରକସି ପୁଲକ, କପାଳରେ ।

ତା' ଠିଆ ହେଇଚୁ ଅନ୍ଧାରରେ ଏକାଏକା ।
ବଣମଲ୍ଲୀର ପେନ୍ଥାଟିଏ ଖୋସାରେ
ରକ୍ତ, କ୍ଲେଦ ଓ ବିଷ୍ଠାକୁ ଫିଙ୍ଗୁଚୁ
ସୁଂଗଧିତ ବଉଳ-ପାଖୁଡ଼ା
ଜରା, ବ୍ୟାଧି ଓ ମରଣକୁ ଯାଚୁଚୁ, ଆଲୋକିତ-ଅଭୟ !

ତା'ର କିଏ ଅଛି, କେହି ନାହିଁ ।
ତୋ'ତେଇ ଶେଷରେ ପିଠି କରି
ସଭିଏଁ ଫେରନ୍ତି ।
ସକାଳୁ ସଂଜ ଶିରି ଦଉଡ଼ି ହେଇ
ଥକିଥିବା ରିକ୍‌ସାବାଲା, ଦହଗଞ୍ଜି ଗୃହସ୍ଥ
ଥନ୍ତଲ ପେଟିଆ ବଣିକ ଓ ରସିକ କବି
ତୋର କିଏ ଅଛି, କେହି ନାହିଁ
ସାରାକାଳ ତୁ' ଏକାଏକା ।।

କେଇଦିନକୁ ଏ କଉଡ଼ି ଭଙ୍ଗା
ଖେଳ ତୋ'ର !
ନୂଆ କଳସୀ ପୁରୁଣା ହୁଏ,
ତେଲ ସରିଆସେ ପିମ୍ପାରୁ
ବଳାଗଣ୍ଠି ଫୁଲିଯାଏ, ଅଣ୍ଟା ଧରେ ।
ଠିକ୍ ଏତିକି ବେଳେ: ଜହ୍ନଲାଗେ କିଶୋରୀ କିଶୋରୀ
ରାତି ଲାଗେ, କିଏ ଯେମିତି ଛାଡ଼ି ଯାଇଚି
ଚଂଦନ-କାଠ ଘୋରିଘୋରି ।

ଝୁମ୍ପୁଡ଼ି ଘରର ସନ୍ତସନ୍ତିଆ ଚଟାଣରେ
ଛିଣ୍ଡା-ପଟିଆ ପାରିଦେଇ
ତୁ' ଶୋଇଥାଉ
ଗୋଡ଼ରେ ଥାଏ ଅଳତା, ଆଖିରେ ଥାଏ କଜଳ ।
ଠିକ୍ ଏତିକି ବେଳେ:
ସହର ମଝିରେ ମାଲୀ ବିକୁଥାଏ ରଜନୀଗନ୍ଧା
ଗୀତ ବୋଲୁଥାଏ ନଈ
ସାତ ପର ଲାଗେ ନିଜ ଦିହ
ଘର ଲାଗେ କୋକେଇ କୋକେଇ ।

ତୋର କିଏ ଅଛି, କେହି ନାହିଁ ।
ତୋ'ତେଇ ଶେଷରେ ପିଠିକରି
ସଭିଏଁ ଫେରନ୍ତି
ସାରାକାଳ ତୁ' ଏକାଏକା ।

■

ଆଜି ମତେ ଡରଡର ଲାଗେ

ଆଜି ରାତି ପାହିବା ଉତ୍ତାରୁ
ମଥାନ ଉପରେ ବସି କାଉ ରାବୁଅଛି
ସୁଲୁସୁଲୁ ଦକ୍ଷିଣା ପବନ
ଛୋଟ ଏକ ଅପନ୍ତରା ଦେଇ ବହିଯାଉଅଛି ।

ଆଜି ରାତି ପାହିବା ଉତ୍ତାରୁ
ତୁତାଲି ଡାକୁଚି ବୋଉ, ଡାକ ଶୁଭୁନାହିଁ
କେହି ନ ଡାକିଲା ବେଳେ
କିଏ ଜଣେ ଡାକୁଚି ତୁହାଇ ।
ଆଜି ରାତି ପାହିବା ଉତ୍ତାରୁ
କିଛି ମନେ ପଡୁନାହିଁ, କାନ୍ଦ ମାଡୁଅଛି ।
କିଛି ମନେ ନ ପକାଇ ବସିଥିଲା ବେଳେ
ସବୁ କଥା ମନେ ପଡୁଅଛି ।

ଆଜି ରାତି ପାହିବା ଉତ୍ତାରୁ
ଯେତେ ଥର ସୁନ୍ଥା କାଟି
ଦର୍ପଣରେ ଦେଖୁଚି ମୁଁ
ସେତେ ବେଶି ଅସନା ଦିଶୁଚି
ଯେତେ ଥର ଭାବିଲିଣି
ନା, ଅନେଇବି ନାହିଁ ନଈତୁଠ ଆଡ଼େ
ସେତେ ଥର ଅନେଇ ଦଉଚି ।

ଆଜି ମତେ ଡରଡର ଲାଗେ, ଏତେ ଡର ଆସିଲା କୁଆଡୁ ?
ରାତି ନିଶବଦ ହେଲେ

କେଉଁ ମୁହୁସୁଲୀ କ'ଣ ମତେ ଠେଲି ଦବ
ଝରକା ନ ଥିବା ଏକ ଅନ୍ଧାର ଘରକୁ,
କିଏ ଜଣେ କିଳିଦବ କବାଟ ସିଆଡୁ ?

ଆଜି ମତେ ଡରଡର ଲାଗେ, ଏତେ ଡର ଆସିଲା କୁଆଡୁ ?
ରାତି ନିଶବଦ ହେଲେ
କିଏ କ'ଣ ମୋତେ ଘୋଡ଼ାରେ ବସାଇ ନବ
ମୁଁ ବୁଲିବି ମେଘ, ଜହ୍ନ, ତାରାଂକ ଗହଳି
କାହାର ସାବନା ହାତ ଆଲିଙ୍ଗନ କରିବାକୁ ମତେ
ବଇକୁଲ୍ୟ ହଉଥିବ ପାରିଜାତ ଲତାର ଉହାଡୁ ?

ନେ'ରେ ଚାଉଳ ମୁଠେ, ନେ' କାଉ ! ଉଡ଼ି ଉଡ଼ି ଯାଆ
(ଭାତ ନାହିଁ, ତୁଣ ନାହିଁ)
କିଏ ସେ ଆସିବ ମୋର ନିଦରବୀ ପରସ୍ତକୁ
କହି ଦେଇ ଯା' ।

ହାଟକୁ ଆସିବା ଲୋକ

ଦେଖ, ଚାଉଳ ଅସେରେ ଓ କିରୋସିନୀ ଟିଣଟିଏ ନେଇ
ହାଟକୁ ଆସିବା ଲୋକ ପଡ଼ିଚି କି ଅଡୁଆରେ ?
ସାବନ ବରଣ ଲୋକଟିଏ
ଜିମା ଦେଇ ମୋତେ ମେଲା ଘରଟିଏ
କୁଆଡ଼େ ଯାଇଚି ଚାଲି
ଖୋଜିଖୋଜି ସେ ଲୋକକୁ ପ୍ରତି ହାଟପାଳି
ସବୁ ବାଟଖର୍ଚ୍ଚ ମୋର ଶେଷ ହୋଇଲାଣି ।

କୁହ ! ସେ ଲୋକ ତ ହୋଇଥିବ, ତମ
ସାଇପଡ଼ିଶାର ବା ଅତିକମ୍‌ରେ ତମକୁ ତ
ଜଣାଥିବ ରହସ୍ୟ ଏ ମୁକୁଳା ଘରର !

ଘରରେ ଲାଗିଚି ମୋଟ ଦଶଗୋଟି ଦ୍ୱାର
ଓ ସବୁଦ୍ୱାର ମୁକୁଳା ମୁଁ ରହିବା ଦିନରୁ ।
ଏ ଘରରେ ବସା ବାନ୍ଧିଥିବା 'ବାଉ ଚଢ଼େଇ'କୁ
ଏ ଖବର ଜଣାନାହିଁ । ଏପରିକି ଏ ଘରର
ପ୍ରତି ବଖରାରେ ପୁଷି ବିଲେଇଟି ପରି ବୁଲୁଥିବା
ପବନକୁ, ଘରବାଲା କିଛି କହିନାହିଁ ।

ଦେଖ, ମୁଁ ବୁଢ଼ା ଓ ଆଖିକୁ କ୍ରମଶଃ ମୋ'
ଅଦୃଶ୍ୟ ହେଲାଣି ।
ମୁଁ ବାସୁଚି, ନିଜେ ମଢ଼ ପରି
ଅନୁମାନ କର, ହାଟକୁ ଆସିବା ଲୋକ ଜିମାଦେଇ
ମେଲା ଘରଟିଏ, ନିରୁଦ୍ଦିଷ୍ଟ ହୋଇଥିବା ଲୋକର ବିବେକ ?

ହାତ ବା କ'ଣ ମୋର
ଏ ଘରର ବାଉଁଶ ଓ ଟାଳ ଛପରରେ ?
ହାତ ବା କ'ଣ ମୋର
ଏ ଘରର ଛପର ଦେଇ ଝରୁଥିବା ପାଣି କାକରରେ ?
ହାତ ବା କ'ଣ ମୋର
ଚଟାଣ ଓ କାନ୍ଥକୁ ଫଟାଉଥିବା ସୂର୍ଯ୍ୟକିରଣରେ ?

ଦେଖ, ଚାଉଳ ଅସେରେ ଓ କିରୋସିନୀ ଟିଣଟିଏ ନେଇ
ହାଟକୁ ଆସିବା ଲୋକ ପଡ଼ିଚି କି ଅଡୁଆରେ ?

■

ଖଲାକାମ ଚାଲିଚି

ବୁଝିଲୁ ପୁଅ !
ଆଜିକାଲି ଭଲ ରହୁନି ତାଙ୍କ ଦିହ
ଗୋଲା ନୋଟିସି ନାଗିଲାଣି, ଦେ'ଣା ଝୁଲୁଚି ମୁଣ୍ଡରେ
ଧାନ ରଢ଼ିଲାଣି, ଗାଁ ଜମି ଛିଟାଣିଆ ହେଲାଣି
ମୂଲିଆ କୋଉ ଏତେ ଆସୁଚି ?

ଘର କଡ଼ିରେ ଝୁଲୁଚି ଘିଅ ବେକା
ଘିଅ ପୁରୁଣା ହେଲେ ରହଣିଆ ବାସିବ
ଝିଅ ପୁରୁଣା ହେଲେ ଅପନିନ୍ଦା ରଟିବ
ପୁଅର ଯୋଉ ଅକେଇ, ଅଧଦିନେ
ଚଉରଙ୍ଗୀ ଠେକୁଚି
ସବୁଆଡ଼େ ଏଇନେ ଖଲାକାମ ଚାଲିଚି ।

ମତେ ସତ, ତତେ ମିଛରେ ପୁଅ !
ନିଜେ ତ ବାର ରୋଗରେ ଶଢୁଚି ମୁଁ
କିଏ ହେପାଜିତି ନଉଚି କା'ର ?
ଘରେ ଲୁଣ ଥିଲେ, ଲଙ୍କା ନାହିଁ
ଲଙ୍କା ଥିଲେ, ଜିରା ନାହିଁ
ଏମିତି ଯେ,ଏଇ ଖଣ୍ଡେ କସ୍ତା ଶାଢ଼ିରେ
ମୋର ବାରବାସ ବିତୁଚି
ସବୁଆଡ଼େ ଏଇନେ ଖଲାକାମ ଚାଲିଚି ।

■

ଶରତ ଆସିଛି

ଶରତ ଆସିଛି ?
କାହିଁ ସୁଦୃଶ୍ୟ ଅଟ୍ଟାଳିକାମାନଙ୍କରେ ତ
କୌଣସି ରାଜକୁମାରୀଂକୁ ଦେଖିବାକୁ ମିଳୁନାହିଁ
ସେମାନେ କ'ଣ ରକ୍ତ ଶୂନ୍ୟ ମେଘଙ୍କର
ଆକାଶକୁ ପ୍ରତ୍ୟାଖ୍ୟାନ କରିଛଂତି !
ନା ସେମାନେ କେଉଁ ସୁରକ୍ଷିତ କକ୍ଷରେ
ଚିଠି ଲେଖୁଛନ୍ତି କାତର କୁମର ମାନଂକୁ !
ନା ସେମାନେ ବର୍ଷା ଋତୁରେ ଯାଇଛଂତି
ଦକ୍ଷିଣକୁ ! ସମଗ୍ର ପୃଥିବୀ ପାଇଁ ଛାଡ଼ିଦେଇ
ଶେଷ ହୀନ ଶୋକାର୍ତ୍ତ ସକାଳ !

ଶରତ ଆସିଛି,
କେଉଁ ପରିତ୍ୟକ୍ତ ନିକାମୀ ଅଯୋଧ୍ୟା ପରି ।
ଶରତ କ'ଣ ଶ୍ରବଣ କୁମାରର ଅନାର୍ଦ୍ର ଅଭିଶାପରେ
ହତଭଂବ ହୋଇ ପଡ଼ିଚି ।

କାହିଁ ଶରତ ?
ଶରତର କିଏ ବା ଖବର ଦେବ ?
ପଣ୍ଡା ପଡ଼ିଆରୀ କାହାନ୍ତି ? କାହାନ୍ତି ମୁଦିରଥ ପଣ୍ଡା ?
କାହିଁ ଶରତ ?

ଅତଏବ ରାଜନ୍ ପରି କ'ଣ ଶରତକୁ ବି ହତ୍ୟା କରାଯାଇଛି,
କେଉଁ ଅନୁଚିତ ଅନୁଶାସନରେ !
ତଥାପି ଶରତ ପାଇଁ ଅପେକ୍ଷା କରିବାକୁ ହେବ
କାରଣ ଅର୍ବୁଦ ଅର୍ବୁଦ ବର୍ଷ ପରେ
ହୁଏତ ଦିନେ
ନିରୁଦ୍ଦିଷ୍ଟ ଶରତ ଓ ରାଜକୁମାରୀଙ୍କ
ଆବିର୍ଭାବ ହୋଇପାରେ ।

■

ଶୀତଋତୁ

ଶୀତ ଋତୁ ବପୁସ୍ମତୀ, ରମଣୀୟା
ଏହି ମତେ :
ବୈଧାନିକ ପତ୍ନୀକୁ ତୁମର ଆକାଶ ପରି ଥରେ
ଫିଟି ପଡ଼ିବାକୁ ଦିଅ,
ପଲଂକରୁ ପାକିସ୍ଥାନ ଯାଏ ବିଛେଇ ଦେବି
ଆଶ୍ଚର୍ଯ୍ୟ ବିଭୂତିର ଐଶ୍ୱର୍ଯ୍ୟ
ଚମତ୍କାର ଶିଶୁଟିଏ କରିଦେବି ତୁମକୁ
ଅରଣା ମଇଁଷିର ବର୍ଣ୍ଣବୋଧ ଆବୃତ୍ତି କରିବ ।

ଶୀତଋତୁ,
ତୁ' ତୋର ପ୍ରାଚୀନ ପୋଷାକକୁ କେଉଁ ଶମୀବୃକ୍ଷରେ
ଛାଡ଼ି ଆସିଲୁ ଯେ !
ତୁ' କେଉଁ ସକାଳୁ ଅବା ଚାଲି ଆସିଲୁ ଯେ !
ହରିତ୍ ଧାନକ୍ଷେତର ଗ୍ରାମୀଣତାକୁ ଛାଡ଼ି,

ବର୍ଦ୍ଧିତ ବ୍ୟାସର ଉଚ୍ଚାଟ ରାତ୍ରିମାନଙ୍କୁ ଉପେକ୍ଷା କରି
ତୁ କ'ଣ ତୋର ଅବଶେଷ ପୌରୁଷର
ଦୈର୍ଘ୍ୟପ୍ରସ୍ଥ ମାପୁଛୁ,
ଲମ୍ପଟ ସାହିତ୍ୟିକର ମନଗଢ଼ା ଉପାଖ୍ୟାନରେ
ଚରିତ୍ରହୀନ ସାମ୍ବାଦିକ ଓ କ୍ଷମତାସୀନ ମଠାଧୀଶର
ମସୃଣ ଶିଳାଲିପିରେ !

ଭୁବନେଶ୍ୱର

ଜନାକୀର୍ଣ୍ଣ ନିର୍ଜନତାରେ ସ୍ଥବିର, ସ୍ତମ୍ଭିତ ଭୁବନେଶ୍ୱରକୁ
ଦେଖିଥିବ, ଦେଖିଥିବ, ପୌରାଣିକ ଅବକ୍ଷୟରେ ବାହୁନୁଥିବା
ବିଦଗ୍ଧ ପକ୍ଷୀଂକୁ: ଶୁକ୍ଳପକ୍ଷର ଅଦୃଶ୍ୟ ଅଂଧାରକୁ !
ହେ ମୋର ପରମ କାରୁଣିକ କୀଚକମାନେ !
ଭୁବନେଶ୍ୱରର ସବୁଠୁଁ ବିସ୍ମୟକର ପରିଚୟ ଏହି ଯେ,
ଏ ନଗ୍ରର ଫୁଲମାନଙ୍କୁ ସ୍ପର୍ଶକଲେ
ରକ୍ତରେ ଅଚିହ୍ନା ବ୍ୟାଧିର ସଂଭାବନା ଚହଟେ।

କଟକ-ଚଂଡ଼ୀ-ଗର୍ଭରୁ ଜନ୍ମିଥିବା ଭୁବନେଶ୍ୱରର
ଭାରତ-ଭକ୍ଷୀ ପୁତ୍ରକୁ କିଏ ତୁମେ ମଂତ୍ର ମୁଗ୍ଧ କରିଛ
ଐଶ୍ୱର୍ଯ୍ୟର କାପାଳିକ !
କିଏ ଗଳିତ କୁଷ୍ଠର ଅଭିଶାପ ଦେଇଛ ଭୁବନେଶ୍ୱରକୁ !
ନିର୍ବାସିତ କରିଛ ତାର ପୁତ୍ର ପୌତ୍ରେୟଂକୁ : ଷ୍ଟେସନରେ
ମାଳିସାହି ବସ୍ତିରେ, ଫୁଟ୍‌ପାଥ୍‌ରେ, ପଂଚବଟୀରେ;
କିଏ ? କିଏ ତମେ ?
ଦେଖିଛ, ଭୁବନେଶ୍ୱରର ଅଗ୍ନି-ଅଶ୍ରୁ ନିଷିଦ୍ଧ ରାତ୍ରରେ !

ଶୁଣାଅଛି: ଦ୍ୱାପର ଯୁଗର ପ୍ରାଂତଭାଗରେ, ବର୍ଷା ଆସିଥିଲା
ଭୁବନେଶ୍ୱରକୁ । ବିଡ଼ଂବିତା ପ୍ରେମିକା, ଉପେକ୍ଷିତା ପତ୍ନୀ
ବୀତସ୍ପୃହ ଗୃହସ୍ଥ ମାନଙ୍କ ଅନୁନୟରେ ବର୍ଷା ହୋଇଗଲା ଅଶ୍ରୁ:
ଆଖିମାନଙ୍କ ନଦୀରେ ।
ଭୁବନେଶ୍ୱରର ନା ନିଜସ୍ୱ ଋତୁ ଅଛି, ନା ଅଛି ବିଶୁଦ୍ଧ ପ୍ରତ୍ୟୟ ?
ଆରୋପିତ ପ୍ରୀତିର ସହର ଭୁବନେଶ୍ୱର: ସଂଭ୍ରାନ୍ତ ଏକଇ ନଗ୍ର
ଈର୍ଷା, ସଂଦେହର ।

କଳାଜ୍ୱରରେ ରେଜେଇ ଘୋଡ଼ି ଶୋଇଥିବା ଭୁବନେଶ୍ୱରର
ରାସ୍ତାମାନଂକୁ ପଶ୍ନ କର:
ବିଧାନ ସଭାର ସଂଗ୍ୟାଁ କ'ଣ ? ସଂବିଧାନର ସାମାନ୍ୟ କଥନ କ'ଣ ?
ଐର ଖାରବେଳ କାହା ପୁତ୍ର ? ଧର୍ଷିତା ପ୍ରବାସିନୀର ଶାଢ଼ିରେ
କେଉଁ ଓଡ଼ିଶାର ମାନଚିତ୍ର ?

ସମସ୍ତ ସଂଭାବ୍ୟ ଉତ୍ତରକୁ ଉହ୍ୟ ରଖି ଅନୁସିଦ୍ଧାଂତ କର:
ଭୁବନେଶ୍ୱର; ଦରବୃଦ୍ଧିରେ ଧର୍ମଘଟରେ ଶମନଜାରିରେ ଦମନଗିରିରେ
ତୁଉ ସୁଂଦର, ତୁଉ ସୁଂଦର !

■

ଗୋଟିଏ ଗାଁର ଦୃଶ୍ୟ

କଣ୍ଟା ବାଉଁଶ, ତାଳବୁରେଇ ଓ ବୁଦିବୁଦି
କିଆର ତୋରଣ
ପାରିହେଲେ ଅଳତା ନଗା
ଛନ୍‌ଛନିଆ ପାହୁଲ ଯୋଡ଼ିଏ ଦୁଶିଯାଏ
ଛଂଚିଡ଼ି ଆସୁଥିବା ଜହ୍ନ ପରି
ପାହୁଲ ଯୋଡ଼ିଏ ଦୁଶିଯାଏ, ସେ କାହାର ?
ବଇଁଶୀ ସୁର ପରି ନିଛାଟିଆ
ମାଛି ସଞ୍ଜ ପରି ତୁନ୍‌ତାନ୍
ଛିଟାଣିଆ ସାବ୍‌ଜା ଦ୍ୱୀପଟିଏ ଆଖିରେ ପଡ଼େ
ସେ କୋଉ ଦ୍ୱୀପ ?

ସଞ୍ଜବେଳେ ଦୁଃଖରୁ ନେଉଟି ଉହ୍ଲେଇ ଜାଳି
ସେକି ହଉଥିବା ବୁଢ଼ାର ଚଉକତିରେ
ଅସୁମାରୀ ଭାବନାର ଅନାବନା ଜଙ୍ଗଲ କଞ୍ଚେଇଥାଏ
ଫଟା ଗୋଇଠିରେ ମାଲିସି ହୋଇଥିବା କରଞ୍ଜତେଲ
ଚନ୍ଦନ ବଣ ପରି ମହକିଯାଏ ।

ପାଣିଗରା କାଖେଇ ବାହୁଡ଼ି ଆସୁଥିବା ଭୁଆସୁଣୀର
ରୁଣୁଝୁଣୁ ଚୁଡ଼ିରେ ଉଛୁଳି ପଡୁଥାଏ ଯମୁନା ନଈ
ଚଉଁରା ମୂଳେ ନଇଁ ପଡୁଥିବା "ବୋଉ"ର
ଥନଥନ ଆଖିରେ ବୁଡ଼ିଯାଉଥାଏ
ସରନ୍ତି ରାତିର କୁଆଁ-ତରା ।

କଳମ ଶାଗ ଲଟେଇଥିବା ଦଲୁଆ ପୋଖରୀ ହୁଡ଼ାଟିରେ
ପା' ଥାପିଲେ ଥୁରୁଥୁରୁ ଓଢ଼ଣାତଳୁ

କଷି ମୁହଁଟିଏ ଦୁଶିଯାଏ, ସେ କାହାର ?
ଛଞ୍ଚିଡ଼ି ଆସୁଥିବା ଜହ୍ନପରି, ମାଈ କାକର ପରି (ଥୁଲୁଥୁଲୁ)
ପାହୁଲ ଯୋଡ଼ିଏ ଦୁଶିଯାଏ, ସେ କାହାର ?

କଅଁଳ ପଟପଟ ଖରାରେ କୁଦୁଥିବା
ଟାଙ୍ଗଲା ବାଛୁରୀ ବେକର ଘୁଙ୍ଗୁରରେ
ପୋତି ହୋଇପଡ଼େ ମାର୍କଣ୍ଡ ଦାସଙ୍କ ବତୁରା ସୁର
ହଳ ବୁଲଉଥିବା ଗୋପୀ ଯେନା ହୋ !
ଅନେଇ ଦେଖ୍, କାଳିଗାଈର ଟଣକିଥିବା ପହ୍ନାରେ
କେମିତି ଗବେଇ ଉଠୁଚି ଚାରିମେଘ
ଝମକି ଯାଉଚି ଇନ୍ଦ୍ରଙ୍କର ସୁବର୍ଣ୍ଣ କୁଣ୍ଡଳ
ଗୋପୀ ଯେନା ହୋ, ଅନେଇ ଦେଖ୍
ଗୋବର ଗୋଟଉଥିବା ବୁଢ଼ୀର ଉଦାସ ଆଖିରେ
କେମିତି ଚେରେଇ ଯାଉଚି / ପବେଇ ଉଠୁଚି
ତୋ' ଟାଙ୍ଗରା ବିଲ।

ହୋ ଗୋପୀ ଯେନା !
ହେଇ ଦୁଶୁଚି, ଦୁଶୁଚି ଅନା, ବେଣ୍ଟ ପୋଖରୀର
ସରୁ ପାଣିଧାର, ଧଳାଧଳା ବଗଙ୍କର ପର
ହେଇ ଝରୁଚି, ଝରୁଚି ଅନା, ପୁଚି ଖେଳୁଥିବା ଝିଅର
ପାପୁଲି, ଶ୍ରଦ୍ଧାର ମହୁଝର।

ସରୁସରୁ ହିଡ଼ ଡେଇଁ ଦୋସମାଳି ପାରିହେଲେ
ରୁଣୁଝୁଣୁ ବାଜୁଥାଏ ନିରବ ନୂପୁର: ସେ କାହାର ?
ଧଳାଧଳା ବଣ ମଲ୍ଲୀ ଗଭା ଚାରିପାଖେ ଖୋସି
ବସିଥାଏ ବୋହୂଟିଏ: ସେ କାହାର ?

■

ଖୁଲଣା ସୁନ୍ଦରୀ

କଷି-ଚଲଣା ପରି ଥଲଥଲ ଦୁଃଖରେ
କିଏ ଗୋ ଚହଲିଯାଅ, ଆର ଘରେ !
ମଗୁଶିର ମାସର ଭୋର୍‌ଟିଏ ପରି
ଆଖି ଲୁହରେ କେଂଡାରି ଯାଅ, ଗୋହିରି ପନ୍ତାରରେ
ସାଂତାଳ ଝିଅଟିଏ ବାଲୁଂଗା ଝୁରିବା ପ୍ରାୟ
କେଉଁ ବିରହକୁ ତମେ ଝୁରିହୁଅ !

ତମେ ସଂସାର ବାଂଧିଛ ନା ସଂସାର !
ତମ କୁନିପୁଅର ଷଠିଘର ପାଳିଛନା ଷଠିଘର !
ଖଡ଼ି ସିଲଟ ଧରି ଚାହାଳିରେ ପାଠ ପଢୁଥିବା
ତମ ପୁଅଟିର ଖଡ଼ି ଗଡ଼ି ଯାଇଛିନା ଖଡ଼ି !
ଗୋ ସୁନ୍ଦରୀ ! ବଢ଼ି ପାଣିରେ ଅଧାବୁଡ଼ା ଗୋଟେ
କିଆରିରେ ତମେ, ଉବୁଟୁବୁ ଏକ କଷି-କାକୁଡ଼ି,
ସଂସାର ଗଢ଼ିଛ ନା ସଂସାର !

ହଁ, ମୁଁ ଚିହ୍ନିଚି, ତମ ଫରହରୀ ସଉତୁଣୀକି
ସେ, ଜ୍ୟେଷ୍ଠମାସ ଦ୍ୱିପହରରେ ଦୁମୁକା ମେଘ ପରି
ସେ, ଧାରା ଶିରାବଣର ଛୁଂଚି ମୁନିଆ ବିଜୁଳି ପରି
ଚଡିରିର ହଲିଲା ଦଳ ପରି, ଘଡ଼ିକିଆ ତମ ସୁଖକୁ
ସେ, ଛକିଲା ଛକିଲା ପୋହଳ ଖେପା ପରି !

ତମେ ନିଆଶ୍ରୀ, ନିରିମାଖି
ମୋ'ରି ପରି ଜନମ କାଳରୁ ତମେ
ତମେ ଖରାବେଳର ଡାହୁକଟିଏ,
ମୁଁ ପୁରୁଣା ଚାହାଳି ଘର
ଓରାରେ, ଘୁମୁରୁଥିବା ପାରାଟିଏ ।

ବାଇଶି ବର୍ଷର ସୁକୁମାରୀ ପାଦରେ ତମର
ନାଲିନାଲି ଅଳତା, ଢିଂକି ଲାଂଜିରେ ଉଡୁଥିବା
କାଂଡ଼ିଆ କୁଂଡ଼ାରେ ପୋତି ପଡ଼ିଚି ।
ସରୁ ସୁନାରୀ ବାଉଁଶ ପରି କମର ତମର, ଶହେ ମହଣିଆ
ପିତ୍ତଳ ଗରାର ପରାସରେ ମଚକି ଯାଉଚି ।

ହାଁ ହାଁ ବୋଲି ବାରିଦେଲି, ତମେ ମାନିଲନି
ହଲିଲା ଚଅଁର ପରି ହାତରେ ହାତରେ
ମୁଁ ଠାରିଦେଲି, ତମେ ହେଜିଲନି ।
ପିଲାବେଳେ ଜହ୍ନିବାଡ଼ରୁ ପାରା ଧଇଲା ପରି
ତମେ ସଂସାରକୁ କଉତୁକିଆ ମଣିଲ ।
ସଂସାର ତମର ସଉତୁଣୀ
ଧାରୁଆ ଖଣ୍ଡାରୁ ନିଗୁଡୁଥିବା ରକ୍ତରେ
ଆଉ ଶୁଭୁନାହିଁ, ନା ଶୁଭୁନାହିଁ ତମ ପାହୁଲ କିଂକିଣୀ ।

ଗୋ ଆର ଘରର ମଉନ ମୁହାଁ !
ତଡ଼କା ମେଘରେ ଛଟାବାଡ଼ ଖସିଲା ପରି ବୟସ ମୋର
ଖସି ଯାଉଚି । କିଆରି ପରେ କିଆରି ହେଇ ଫସଲ ମୋର
ସରି ଆସୁଚି । ମୁଁ ତମ ପରି ଛେଉଂଡ଼ଟିଏ।
ତମ ଚିଂଗୁଡ଼ି ନଈ, ଜୋକ ନଈ, ସାତ ସମୁଦ୍ର ଆରପାରିରେ
ସତୁରୀ ବରଷ ହେଲା ହଜିଥିବା, କେଉଁ କାଳିଆ ମୁରବିକୁ ମୋର
ଖୋଜି ହଉଚି ।

ଗୋ ଆର ଘରର କାଂଦୁରୀ, ଗୁମାନୀ !
ଆସ ଆସ, ସାଂଗ ହବା ।
ଆସ ଆସ, ନିରବତା ଝରେଇ ଦବା
ଆସ ଆସ, ମହର୍ଗ ଜୀବନଟିଏ ବିତେଇ ଯିବା ।

■

ନୂଆ'ଉ

।।ଏକ।।

ସରୁ ଧାନଗଛର କପାଳରେ
ଥୋପି ପଡ଼ିଥିବା ବୁନ୍ଦିଏ କାକର
ଅଧା ଘୋରା, ଓଦା ଖଣ୍ଡିଏ ଚନ୍ଦନ କାଠ
ନୂଆ'ଉ ।

ଝଟଝଟ ଅନ୍ଧାରରେ କାଚ ରୁଣୁଝୁଣୁ ଶୁଭେ,
ତମେ ଉଠ ।
ସବୁ ଶୂନ୍‌ଶାନ୍, ରାଢ଼ୀ ଘରୁ ଶୁଭୁଥାଏ, ଚୂଡ଼ା ପାହାର,
ତମେ ଉଠ ।
ଘର ଖରକ, ବାସନ ମାଜ, ଅଧୁଆଣି ମୁଣ୍ଡୁଳାକାଟି
ଚାଳି, ଅଗଣା, ଦୁଆର ମୁହଁ ନିପ
କାଲି ରାତିରୁ ପିଠଉ ବାଟି ସଜ କରିଥିବା ଝୋଟି ପାଣିରେ
ଦାଣ୍ଡ ଦୁଆର ଯତନ କର, ଲକ୍ଷ୍ମୀପାଦ କାଟ ।

ତମେ ଉଠିଲେ, ଗଛ ଡାଳରେ ପତ୍ର ହଲେ
ଗେଣ୍ଡୁଫୁଲ ମହକି ଯାଏ, କେରିକି କେରି
ସିନ୍ଦୂରା ଫାଟେ, ଆସ୍ତେଆସ୍ତେ କମିକମି
କାହାର କେଜାଣି ସେ ପାହୁଲ ଶବ୍ଦ
ଦୂର ଦୋସମାଳି ସେପାରିରେ ମିଳେଇ ଯାଏ !
ସାରାରାତି ତମେ କ'ଣ କର କେଜାଣି !

ଫି’ ସକାଳକୁ; କେବେକେବେ, ପାଖେ ଗୋଡ଼ରେ ଥାଏ
ପଟେ ପାଉଁଜ ତ, ଆଉ ପଟେ ନଥାଏ
କେବେକେବେ, ପାଖେ କାନରେ ଥାଏ
ପଟେ ଝୁମ୍ପା ତ, ଆଉ ପଟେ ନଥାଏ
ସାରାରାତି, ତମେ କୁଆଡ଼େ ଥାଅ କେଜାଣି !
ଫି’ ସକାଳକୁ ତମ ମୁଂଡ଼ର
ବେଲକଡ଼ି କଂଟା ହଜୁଥାଏ ।

॥ ଦୁଇ ॥

ଧୁକୁଡୁ ଧୁକୁଡୁ ହେଇ ନିଶବଦ ରାତିରେ
ଦୂର ହାଟରୁ ଭାଇ ଆଣିଥିବା ବିରିକୁ
ତମେ ଫେଣାଅ, ବଡ଼ି ପାର
ଦର ଶୁଖିଲା ବଡ଼ିରେ ଦୂବ ପୋତି, ସିଂଦୂର ମାଖି
ଧୋବ ସୂତା ବେଢ଼େଇ ତମେ ବଡ଼ି ବାହା କର,
ଘଡ଼ିକି ଘଡ଼ି, ଘର ତମାମ ନଗେଇ ଥାଅ
ଦଶ ହୁଂଦର,
ଧଣିଆ ପତ୍ର ଚଟଣୀ ପରି, ଜୁଆ କୋଳି ପରି
ତତଲା ନେଉଟିଆ ଶାଗ ଖରଡ଼ା ପରି, ମହକୁ ଥାଏ
ଘର ପୂର ।

ଖରାବେଳ ଗୋହିରି ପରି
ତମେ, ସଦା ଉଦାସ
ସଂଜବତୀଟିଏ ଚଉଁରାମୂଳେ ଥୋଇ ଦେଲେ
କୁହ, ଛେଉଂଡ଼ ଶିଶୁଙ୍କ ମତୁଆ ଓଠରେ
କିଏ ଇଡ଼ିଦିଏ କ୍ଷୀରର କଳସ !
କହିଲେ ତ ପରିହାସ ମଣୁଚ, ଦେଖ :
ଚାହିଁଲ ଯେ ରାଣ୍ଡବାଲିକୁ
ଚରି ଚରି ଯାଉଚି ଦୁବ

ଚାହିଁଲ ଯେ ଥୁଣ୍ଟା ଗଛକୁ
ବଉଳି ବଉଳି ଉଠୁଚି ଡାଳ
ଚାହିଁଲ ଯେ ଆକାଶକୁ
ବେଷ୍ଟଉଚି ପୋଖତୀ ମେଘ
କହିଲେ ତ ପରିହାସ ମଣୁଚ : ତମେ ବସୁଧା
କେତେବେଳେ ଭିଜାମାଟି ପରି
କେତେବେଳେ ଲୁଣି ଢେଉପରି
ତମରି ସୁବାସ ।

॥ ତିନି ॥

ବାଉଁଶ ଗଛରୁ କରଡ଼ି ଖସିଲେ
କେଉଁ ସରୁ ହାତକୁ ଝୁରିହୁଏ !
ଘଡ଼ିଏ ରାତିକି ପୋଖରୀ ତୁଠରେ
ଶୂନ୍ ଜାଗାଟିଏ କାହା ପାଇଁ ପଡ଼ିରହେ !
ହଁ, ବୁଝିଯାଇଚି: ତମେ ପଖାଳ କଂସାରେ
ଭଂଗା କଷିଆଂବର ଖୁସୁବୁଟିଏ; ଘୋଟି ରହିଚ ଘମାଘୋଟ ରାତିରେ,
ଏକାଏକା କାଠଯୋଡ଼ୀ ନଈ ପଠାରେ
ତମେ, ମୁଥା ଅଗରେ ସୁଲୁକଉ ଥିବା ଓଦା ଆସକ୍ତିଟିଏ
କୁହୁଡ଼ି ହେଇ ପିଂଜି ଯାଇଚ,
ଦେ’ ବାଲୁଂଗା, ହେଁସୁଆତି ପାଟରେ ।

ନିକିମା ହେଲେ ତ ତମେ
କରଂଜ ତେଲ ନିପିବ ବସି, ଶାଶୁବୁଢ଼ୀର ଫଟା ଗୋଇଠିରେ
ଉକୁଣୀ ବାଛିବ, ମୁଖୁଦାଂତୀ ନଣଂଦ ମୁଂଡ଼ରେ
ବାଉବସା ଝାଡ଼ିବ, ମାଟୁକଡ଼ି, ମରେଇ ସଂଧିରେ
ପେଣ୍ଡା ମୋଡ଼ିବ, କଂଚା ଫିରିଫିରି ଧାନ କେଂଡ଼ାରେ ।
ତମକୁ ଫୁରୁସତ୍ କାଇଁ ଯେ, ତମେ ଜୁଡ଼ା ବାଂଧନ୍ତ !
‘ହୁଁଃ...’ ଦେଖ କି ଦଶା, ଖୋସିହେବ ବୋଲି ତମ ଜୁଡ଼ାରେ

ଫୁଟିଚି ବଣମଲ୍ଲୀ ଅରମା, ଅପନ୍ତରାରେ
ବୋଲି ହବ ବୋଲି ତମ ହାତରେ, ସାଇସାଇ ପୂରିଚ଼ି
ମଂଜୁଆତି ଗଛରେ ।

॥ ଚାରି ॥

କଲାଘୁମର ମେଘ ଘୋଟିଚି, ଉସ୍‌ମାନ୍‌ରେ
ରଇତ ଛାଟୁଚି ବିହନ ମୁଠି, ଏଭିଡ଼ି କ୍ଷେତରେ
ଧଳା ଶିଝୁ ଫୁଲଟିଏ ତମେ, ବାଡ଼ କଡ଼ରେ ଫୁଟି
ଝିଅ ଯୋଡ୍ରୁଚ ମଝିରେ: ଏତିକି ଏକା ।

ଜହ୍ନ ବୁଡୁବୁଡୁ ଗାଁ ଦାଂଡ଼ର, ଖାଁ ଖାଁ ଡରାଟଟିଏ
ଭୋକ, ଶୋଷ ଓ ନିଦଂକର ନଗାହାରୀ, ପା' ଯୋଡ଼ିଏ
ନୂଆ'ଉ ।

■

ଧାନସାଉଁଟା ଝିଅ

ଧାନ ସାଉଁଟୁଥିବା ଝିଅର ଆଖିକୁ
କଜଳ କ'ଣ ଲୋଡ଼ା ଯେ !
କଜଳ ମାଖିଲେ ଧାନକ୍ଷେତରେ
ତମାଲ-ରଂଗ ଚହଟିଯିବ ।
ଧାନ ସାଉଁଟୁଥିବା ଝିଅର ପାହୁଲକୁ
ପାଉଁଜ କ'ଣ ଲୋଡ଼ା ଯେ !
ପାଉଁଜ ପିଂଧିଲେ, ବୁଢ଼ା କ୍ଷେତୁଆଳଟି
ଲୁହରେ ବତୁରି ଯିବ ।

ଧାନ ସାଉଁଟୁଥିବା ଝିଅଟି
ସିଂଦୂରା ନ ଫାଟୁଣୁ ଉଠେ
ଛଡ଼ା ଗୋବରରେ କଷି ହାତକୁ ବୁଡ଼େଇ
ଦାଂଡ଼ ଦୁଆର ଯତନ କରେ, ଝୋଟି ପାଣିରେ
ଅଂକାବଂକା ଲକ୍ଷ୍ମୀପାଦ କାଟେ ।
ପୁର ଘର ମଣ୍ଡଣ କରୁ କରୁ, ନିଜେ
ସୁନ୍ଦର ତକ ତକ ହୋଇ
ଗାଁ ଦାଣ୍ଡରେ ଛିଂଚାଡ଼ି ପଡ଼େ ।

ସକାଳର ଡାଆଣା ପକ୍ଷୀ
ତା'ର ନରମ, ନଥନଥ ସ୍ୱରକୁ
ଛକିଥାଏ, ସାଉଁଟି ନିଏ ।
ଅପରାଜିତା ଫୁଲ, ତା' ରଂଗକୁ
ଛକିଥାଏ, ମାଖିହୁଏ ।
ଆଂବ-ବଉଳ ପରି, କଳା-ଗେଣ୍ଡୁ ପରି ଝିଅଟି
ଗୋଟେ ଅଦୃଶ୍ୟ ବାସ୍ନା ହୋଇଯାଏ ।

ଦିନ ଦି' ଘଡ଼ି ବେଳକୁ; ଝିଅଟି
ବଡ଼ି ଛେଚା ଫୁଟେ, ଧଣିଆ ପତର ଚଟଣି ଟିକେ
ଘେନି, ପଖାଳ ଥରେ ପାଟିକି ନିଏ ।
ବିଲ ପିଂଧା-ଶାଢ଼ି ଖଣ୍ଡିକ ବେଢ଼େଇ
ବେତ ପାଛିଆଟି ମୁଂଡ଼ରେ ଥୁଏ ।
ବେଲ ଗଛ ଅଗରେ ନାଖିଥିବା
ଦୁତୀୟା ଜହ୍ନଟେ ପରି
ତା' ଓଠରେ ଉଏଁ, ସରୁ କାଟିଆ ହସଟିଏ ।

ବସୁଧାକୁ ଝିଅଟି ବେଶ୍ ବାଗର ମାନେ ।
କିଆରି ମଝିର ନୂଆ ଫିଟାଣି ଧୂଳିବାଟରେ
ସେ, ପା'ଥାପିଲେ
ଶାଗ ବାଡ଼ି ପଳାସି ଉଠେ, ଦଶଦିଗ ମଂଜାଏ ।
କଟା ସରିଥିବା ବିଲରେ, ଧାନ ଗଛର ଥୁଂଟା ନଡ଼ା
ନଡ଼ା ମଝିରେ, ଛିଂଡ଼ାଛିଂଡ଼ା ହଳଦୀ ଗଣ୍ଡି ଧାନକାଂଦି
ଯେମିତି, କୋଉ ଏକାଟିଆ ପରସ୍ତରେ
ବଅସ ହଟିଥିବା ବୁଢ଼ୀ ମାଆଟି
ନିଦକରେ ଶୋଇଥାଏ ।

ଧାନ ସାଉଁଟା ଝିଅଟି, କିଆରି ମଝିରେ
ପାଛିଆ ଥୋଇ, ଭୂଇଁରେ ହାତ ଛୁଏଁ ।
ସେ ହାତ ଛୁଇଁଲେ
ବସୁମାତା କୁଳୁରିଯାଏ, ବସୁମାତା ପେଂଥେଇ ପଡ଼େ ।
ସେ ହାତ ଛୁଇଁଲେ
ଅକଟା ଧାନ କିଆରିରେ, କିଚିରି ମିଚିରି
ଚଢ଼େଇଂକ ଦୁଂଦୁଭି ବାଜେ ।

ତା' ପିଠିର କଟା ଦାଗଟିଏ ପରି, ଆକାଶର
ଥାବର ମେଘରୁ ପାରିଜାତ ମୁରୁକେ

ଧାନ ସାଉଁଟା ଝିଅକୁ ଦେଖି
ସବୁଠୁଁ ମୁରବି କଟାଳିଟି
କୁହୁକ ନାଗିଲା ପରି ବଦଳିଯାଏ,
କଟାଳିଟି ଶଂଖାରି ହୁଏ ।
ଗାଈଆଳ ଟୋକାର କୁହାଟ, ବଳଦର
ଘଂଟି ଘାଗୁଡ଼ିକୁ ବୁଡ଼େଇ ଦେଇ
ଗାଁ ମୁଂଡ଼ରୁ ଗହୀର ବିଲ ଯାଏ
ଖାଲି ଗୋଟିଏ ନିରୋଳା କୁହାଟ
ବୁଣି ପଡ଼େ: "ଶଙ୍ଖା ନବ, ଶଙ୍ଖା !"

ପୋଷମନା ଶାରୀଟି ପରି, ମଝିବିଲର
ବରଗଛ ମୂଳେ, ଝିଅଟି
ତା' ଦୂବରଂଗୀ ହାତଟି ବଢ଼େଇ ବସିପଡ଼େ ।
ନୁଖୁରା ବାଳରେ ଗୁଣ୍ଡକେରୀ କେଶ ଶୋହେ,
ସୂତାଂଡ଼ି ଆଡୁ ବିଂଦୁଏ ସିଂଦୂର ହେଇ
ଭୋର୍‌ର ଆକାଶଟିଏ ଉଏଁ ।
ବୁଢ଼ା କଟାଳିଟିକୁ ଘନଘୋର ନିଛାଟିଆ ଘେରିଥାଏ ।

ଧାନ ସାଉଁଟା ଝିଅଟି, ଭୂଇଁରୁ
ଧାନ ଖୁଂଟୁଖୁଂଟୁ
ବେଳେବେଳେ ତା' ଆଖିରେ
ଲୁହ ଥନେଇ ଯାଏ ।
କା'ର ନାଇଁ ଯେ, ଖରା ଆଡ଼କୁ ପିଠିକରି
ବସିଥିବା ଗୁଟା କେତେ ଦିକିସିକିଆ
ପିଛିଲା ଦିନ, ତାର ନଥିବ !
କାର ନାଇଁ ଯେ, ଗାଈ ଚରେଇ ଯାଇଥିବା
ବୋଉର, ଆଉ ଜମ୍ମା ନ ଫେରିବା
ଦୁଃଖ, ତା'ର ନଥିବ !

ତଥାପି ସେ, ଧାନ ସାଉଁଟେ ।
ନଇଁ ପଡ଼େ ତ, ଉଠିପଡ଼େ
ଉଠି ପଡ଼େ ତ, ନଇଁପଡ଼େ
ଖୁଂଟା-ନଡ଼ାର କ୍ଷେତ, ଖାସ୍ ତା'ରି ପାଇଁ
କ୍ଷୀରେଇ ଥାଏ; ଖାସ୍ ତା'ରି ପାଇଁ।
ଛତା ମୁଣ୍ଡେଇ, ବିଲ ମୁଣ୍ଡକୁ ଆପଟିଥିବା
ସାଆଂତଟିଏ, ଖାସ୍ ତା'ରି ପାଇଁ
ଧକେଇ ହୁଏ; ଖାସ୍ ତା'ରି ପାଇଁ ।

କ୍ରମେ ଛାଇ ବୁଲିଯାଏ,
ଡହକା ଦିନ ସଂଜେଇ ଯାଏ ।
ଧାନ ସାଉଁଟା ଝିଅଟି, ପାଛିଆ ମୁଁଡ଼ରେ ଥୋଇ
ଧାନ କ୍ଷେତକୁ ପିଠିକରେ ।
ଚଉଁରା ମୂଳରେ ଶଂଖ ବାଜେ, ବିଲୁଆ ଭୁକେ ।
କେଡ଼େ ଚହଲରେ ଘୋଟିଆସୁଥାଏ
ବକଟେ ନିରବତା !
କେଡ଼େ ନିରବରେ ଲେଉଟି ଆସୁଥାଏ
ଏକଲା ଝିଅ !

ପାଛିଆ ମୁଣ୍ଡେଇ, ଘରକୁ ଫେରୁଫେରୁ
ଶହେବାର ସେ ପଛକୁ ଚାହେଁ ।
କିଏ ନେଇଯାଏ କେଜାଣି, ତା' ଥୁଂଟା ନଡ଼ାର କ୍ଷେତକୁ
ରାତି ଗୋଟାକରେ: ଧାନ ସାଉଁଟା ଝିଅ ଜାଣେ
ଦି'ନି ଧପାଟୁଥିବା ବସୁଧାରୁ କି' ମହୁ
ଝରେ କେଜାଣି: ଧାନ ସାଉଁଟା ଝିଅ ଜାଣେ ।

■

ଶେଷ କଥା...

ଭୁବନେଶ୍ୱରର ନୂଆପଲ୍ଲୀରେ ରହୁଥିବା ଗୁରୁବାବୁ (କବି ଗୁରୁ ପ୍ରସାଦ ମହାଂତି)ଂକ ଘରକୁ ଦିନେ ଯାଇଥିଲି । ସେମିତି ଖାଲି ଖାଲି କି କୌଣସି ସାରସ୍ୱତ କାର୍ଯ୍ୟରେ ମନେ ପଡୁନି । କଲିଂ ବେଲ୍ ଟିପିବା ପରେ ଘର ଭିତରୁ ବାହାରିଲେ ସୌମ୍ୟକାଂତ ଚେହେରାର ମଣିଷଟିଏ । ବୁଝିବା ବାକି ରହିଲା ନାହିଁ ଯେ, ଇଏ ହିଁ ଗୁରୁ ବାବୁ । ମସ୍ତକ ନତ କରି ପ୍ରଣାମ କଲି 'କାଳ ପୁରୁଷ'ର କାଳଜୟୀ କବିଂକୁ । ନିଜର ପରିଚୟ ଦେଇ କହିଲି- ମୁଁ ହୃଷୀକେଶ ମଲ୍ଲିକ । ପାଟିରୁ କଥା ସରିନାହିଁ, ସେ କହି ଉଠିଲେ- 'ଧାନ ସାଉଁଟା ଝିଅ' ! କହିଲି- 'ହଁ' ।

ଆନନ୍ଦରେ ଛାତି କୁଂଢ଼େ ମୋଟ ହେଇଗଲା । ଅବଗତ ହେଲି ଯେ 'ଧାନ ସାଉଁଟା ଝିଅ' ଓଡ଼ିଆ କବିତାରେ ମୋର ପରିଚୟ ହୋଇ ସାରିଛି । ଯେତେବେଳେ ଓଡ଼ିଶାର ବଡ଼ବଡ଼ ବିଦ୍ୱାନ୍ କବିଭାବେ ମୋତେ କ୍ୱଚିତ୍ ଜାଣିଥିଲେ, ସେତିକିବେଳେ ଏ ବହି 'ଓଡ଼ିଶା ସାହିତ୍ୟ ଏକାଡେମୀ ପୁରସ୍କାର' ଲାଭ କଲା, ୧୯୮୮ରେ । କବିତାରେ ଆଜି ମୁଁ କେତେ ବାଟ ଆସିଲିଣି । ପଛକୁ ଚାହିଁଲେ ଆଖି ପାଉନି । ଅଥଚ 'ଧାନ ସାଉଁଟା ଝିଅ' ଏବେ ବି ମୋର ପରିଚୟ ।

ନାନା 'ପୁସ୍ତକମେଳା'ରୁ ହୃଦ୍‌ବୋଧ ହୋଇଛି, ବହିଟିକୁ ଲୋକେ ଖୋଜୁଛଂତି । ଏହାର ତୃତୀୟ ସଂସ୍କରଣ ଢେର୍ ଦିନରୁ ନିଃଶେଷ । ତେଣୁ ଚତୁର୍ଥ ସଂସ୍କରଣ ଅପରିହାର୍ଯ୍ୟ ହୋଇ ପଡ଼ିଛି ।

ଭାବିଲି ଯଦି ମୁଁ ସତରେ ପାଠକଂକ ପାଇଁ ଲେଖୁଛି, ତେବେ ସେମାନଂକୁ ଏ ବହିଟିର ପ୍ରାପ୍ତିରୁ ବଂଚିତ କରିବି କେଉଁ ନ୍ୟାୟରେ ! 'ବ୍ଲାକ୍ ଇଗଲ୍ ବୁକ୍‌ସ'ର ପ୍ରତିଷ୍ଠାତା ଓ ସଂଚାଳକ, ମୋର ପ୍ରିୟ ଛାତ୍ର, ସୁଲେଖକ ଶ୍ରୀ ସତ୍ୟ ପଟ୍ଟନାୟକ ବିଶ୍ୱସ୍ତରରେ ବହିଟିର ଚତୁର୍ଥ ସଂସ୍କରଣ କରିବା ପାଇଁ ସ୍ୱତଃ ଆଗେଇ ଆସିଥିବାରୁ ତାଙ୍କଠାରେ ମୁଁ ଋଣୀ । ଆଶା କରୁଛି, ନୂଆ ପିଢ଼ିର ପାଠକପାଠିକାଂକୁ ବହିଟି ଅଶୀ ଦଶକ (୧୯୮୦)ରେ ଓଡ଼ିଆ କବିତାରେ ହୋଇଥିବା ଧାରା ବଦଳର ଖବର ଦେବ । ଏଥିରେ ଥିବା କବିତାଗୁଡ଼ିକୁ ସେମାନେ ନିଜ ସମୟରେ ପରଖିବେ ଏବଂ ଓଡ଼ିଆ ଭାଷାର ବିଭୂତି ଓ ବିଭବକୁ ଚିହ୍ନିବେ ।

ପହିଲି ରଜ
୧୪ ଜୁନ୍ ୨୦୨୦

- ହୃଷୀକେଶ ମଲ୍ଲିକ

www.ingramcontent.com/pod-product-compliance
Lightning Source LLC
Chambersburg PA
CBHW021129080526
44587CB00012B/1198
* 9 7 8 1 6 4 5 6 0 1 1 3 5 *